犹太人育儿经

解密不一样的犹太家教智慧

伊 莎◎著

中国商业出版社

图书在版编目（CIP）数据

犹太人育儿经 / 伊莎著 . —北京：中国商业出版社，
2013.7

ISBN 978-7-5044-8136-8

Ⅰ . ①犹…　Ⅱ . ①伊…　Ⅲ . ①犹太人—家庭教育

Ⅳ . ① G78

中国版本图书馆 CIP 数据核字（2013）第 123422 号

责任编辑：张振学

中国商业出版社出版发行

010-63180647　www.c-cbook.com

（100053　北京广安门内报国寺 1 号）

新华书店总店北京发行所经销

北京毅峰迅捷印刷有限公司

*

710×1000 毫米　16 开　16 印张　210 千字

2013 年 8 月第 1 版　2013 年 8 月第 1 次印刷

定价：32.00 元

*　*　*　*

（如有印装质量问题可更换）

前言

Preface

犹太人的数目还不到世界人口总数的1%，本来应该像灿烂银河中的一个小星团那样不起眼，但是他们却经常成为人们的话题，受到人们的关注。

犹太民族，一个历经饥饿、杀戮和欺侮的民族，但犹太人民却成为世界上赚钱最多的民族。无论在全球金融界、商界还是科学界，他们拥有的财富比重始终独占鳌头。犹太人中有像爱因斯坦、奥本海默、普利策、摩根等巨子屹立于世界名人之林；还有“世界的钱装在美国人的口袋里，而美国人的钱却装在犹太人的口袋里”这样的赞誉。

犹太人为什么如此杰出，专家们一致认为：这一切都归根于犹太人的家庭教育。他们善于随时随地将数千年来犹太人的智慧精华融合于家庭教育，使孩子从小就在潜移默化中吸取着犹太民族的成功精髓。

从历史上看，犹太人很早就实行了义务教育，称得上源远流长。从犹太人对教育的重视和对教师的敬重，任何人都不难想像出教育的场所——学校，会在犹太人生活中具有何等的地位。在长期的流散生活中，犹太人为了信仰，为了生存，非常注重学习，始终把对子女的教育视作一种至高无上的神圣事业。他们明白，在异国他乡没有文化知识是很难站得住脚的。有资料显示，世界上任何角落，只要有犹太人的地方，他们的受教育程度总是最高的。每个犹太人的家庭，为了子女的求学，往往不惜倾家荡产；国家对教育也有严格的规定和优惠政策。以色列的《义务教育法》规定：5 ~ 16 岁的儿童少年必须接受义务教育，如本人愿意，到 18 岁仍可享受免费教育。重视教育，懂得如何教育孩子成了犹太人的一个非常显著的特点。

当下，“望子成龙，望女成凤”是天下父母的期盼，但是，很少有父母知道如何把自己的期望变成现实，他们在教育孩子的问题上感到非常的彷徨。其实，让自己孩子成才并不是很难，领会犹太妈妈的教育箴言，你就能轻轻松松教育好你的孩子。

那么，当一个犹太孩子降生之后，他的父母首先教会他什么呢？什么是犹太人受用一声的智慧呢？答案就在《犹太人育儿经》中。

目 录
Contents

第06辑 自立自强，让孩子从小学会靠自己

第07辑 恪信守约，信守承诺是犹太人的习惯

第01辑

崇尚智慧，一盎司的智慧比一磅的黄金贵

在犹太人看来，无论去哪里，要带走的不是钱，也不是钻石，而是智慧。任何东西都是有价的，都能失而复得，只有智慧才是人生无价的财富，它引导人走向成功，而且永不会贫穷。

用勤奋好学开启智慧之门

犹太人是全世界公认的“世界第一商人”，也是举世公认的最富有的民族。对于犹太人的财富，有一个非常经典的说法：世界的钱在美国人的口袋里，而美国人的钱却在犹太人的口袋里。他们在整个世界占有财富的比例远远高于占有人口的比例，那么到底是什么造就了他们的成功呢？犹太人毫不掩饰地说，他们从小就从母亲那里学到了用知识和智慧赚钱的本领。

犹太人非凡的成就来自其非凡的智慧，这种智慧是在千百年受挤压求立足的艰难过程中养成的生存之道。不管在世界哪个角落，犹太人每天在做的一件事就是学习；不管身处社会的哪个阶层，犹太人的第一要务是学习。他们可能有的暂时缺少财富，但从来也不缺的就是孜孜以求的好学精神。所以，在世界范围内的各个领域，独领风骚的犹太人比比皆是。

诺贝尔奖获得者中，17% 是犹太人。其中，诺贝尔经济学奖中，犹太人占的比例更是高达 33%；世界十大哲学家中有 8 人是犹太人；美国百万富翁中，20% 是犹太人。犹太政治家、艺术家同样不胜枚举。爱因斯坦、毕加索、马克思、弗洛伊德、门德尔松、霍夫曼、基辛格等都是犹太人。

犹太人对智慧的渴望远远高于对任何物质的追求，他们认为智慧就像空气一样与生命息息相关，并笃信智慧可以创造一切财富。于是，犹太人总在不断地教育自己的孩子通过勤奋学习汲取知识变成一个有智慧的人。当孩子们向父母寻求获得智慧的途径时，犹太妈妈会想尽一切办法去唤起孩子们对智慧的渴求。

一位年轻人拜访贤人求教智慧。

“年轻人啊，请随我一起来。”贤人这么说着，默默地向附近的湖走去。

走到湖边，贤人毫不犹豫地跨进湖里，向湖的深处走去；年轻人无奈，只好跟随在贤人后面。

湖渐渐深起来，水浸没到年轻人的脖子，可是贤人毫不介意年轻人那恐惧的目光，走得更远了。水终于浸没了年轻人的头顶。不久，贤人又默默地转回身，回到湖岸边。

上岸后，这位贤人用揶揄的口吻问年轻人：“潜入水下时，你有何感觉？除了想上岸之外，还考虑过别的事吗？”年轻人立即答道：“我只想得到空气。”

贤人慢慢地训谕道：“正是如此啊！要想求得智慧，就要像沉入水下时想得到空气一样强烈，才能获得啊！”

犹太人坚信智慧对于人生的意义，就像空气那样必不可少，于是孩子们也就自然而然地想要拼命去争取。然而只有不断地学习各方面的新知识，开阔自己的视野，才能更有效地获得智慧。人们常说：“活到老，学到老。”犹太人就是这么做的。他们有了孩子，又教育孩子认真学习。无论他们有多大的成就，无论他们多么富有，学习知识始终都是无法更改的习惯。也许聪明是与生俱来的，但如果神童和天才后天不够勤奋也会一无所成，而智慧却是可以在生活学习中不断培养的。

爱因斯坦和牛顿一样并不早慧，他到3岁还不会说话，在整个学习期间也无“神童”的表现，甚至在教师眼里显得平庸迟钝。事实上他主要是对教师的呆板教学方法感到不满，而他本身具有很强的独立自主、勤奋自学的探索能力。他在中学时代就自学了包括微积分在内的基础数学及某些理论物理知识，进入大学后，他刻苦钻研，阅读了大量书籍，并独自修读了经典理论物理，研究了麦克斯韦电磁理论。

爱因斯坦的故事再次向人们诠释了“天才是99%的汗水加上1%的灵感”。犹太人把学习作为民族立身的根本，同样，每一个犹太人也把学习作为个人生存的有力武器。犹太人追求知识、肯于学习和善于学习的精神令人震撼，由此，犹太人也为自己打开了一条通往财富与成功的高速通道。

让智慧永远跟着自己

《塔木德》上说：“你只要活着，智慧就永远跟着你。”这也是犹太人对智慧最高的评价。犹太妈妈会告诫孩子：物质财富等一切都是虚无的抓不住的，唯有智慧才是能伴随终身的，智慧不会因为货币贬值、社会动荡而一文不值或者消逝无踪。

犹太人中间流传着这样一个故事：

二战期间，在奥斯维辛集中营里，一个犹太人对他的儿子说：“现在我们唯一的财富就是智慧，当别人说一加一等于二的时候，你应该想到大于二。”纳粹在奥斯维辛毒死了几十万人，父子俩却活了下来。

1946年，他们来到美国，在休斯敦做铜器生意。一天，父亲问儿子：“一磅铜的价格是多少？”儿子答道：“35美分。”父亲说：“对，整个得克萨斯州都知道每磅铜的价格是35美分，但作为犹太人的儿子，应该说35美元。你试着把一磅铜做成门把手看看。”

20年后，父亲死了，儿子独自经营铜器店。他做过铜鼓，做过瑞士钟表上的簧片，做过奥运会的奖牌。他曾把一磅铜卖到3500美元，这时他已是麦考尔公司的董事长。然而，真正使他扬名的，是纽约州的一堆垃圾。

1974年，美国政府为清理给自由女神像翻新扔下的废料，向社会广泛招标。但好几个月过去了，没人应标。正在法国旅行的他听说后，立即飞往纽约，看过自由女神下堆积如山的铜块、螺丝和木料后，未提任何条件，当即就签了字。

纽约许多运输公司对他的这一愚蠢举动暗自发笑。因为在纽约州，垃圾处理有严格规定，弄不好会受到环保组织的起诉。就在一些人要看这个犹太人的笑话时，他开始组织工人对废料进行分类。他让人把废铜熔化，铸成小自由女神；把水泥块和木头加工成底座；把废铅、废铝做成纽约广场的钥匙。最后，他甚至把从自由女神身上扫下的灰包装起来，出售给花店。不到3个月的时间，他让这堆废料变成了350万美元现金，每磅铜的价格整整翻了1万倍。

这对犹太人父子从集中营中能够幸免于难就已经令人惊叹，而未来的日子里穷困的他们却通过自己的聪明才智获得了巨大的财富。有人说“只要活着就有希望。”看似一句废话甚至可能会被看成是“阿Q”，但却不得不承认是绝对的真理。只要人还活着就有创造一切奇迹的可能，而这些奇迹的创造又离不开智慧。所以说当我们穷途末路之时，哪怕身无分文也不要慌张绝望，只要还有智慧就有可能绝处逢生。

生在犹太家庭里的孩子在他们的成长过程中，负责启蒙教育的妈妈们几乎都要求他们回答一个问题：“假如有一天你的房子被烧了，你的财产就要被人抢光，那么你将带着什么东西逃命？”孩子们少不更事，天真无知，自然会想到钱这个好东西，因为没有钱哪能有吃的、穿的、玩的？也有孩子说要带着钻石或者其他珍宝出逃，有了它，还愁缺啥？可这些显然不是母亲们所要的答案。

她们会进一步问：“有一种没有形状、没有颜色、没有气味的宝贝，你知道是什么吗？”要是孩子们回答不出来，母亲就会说：“孩子，你要带走的不是钱，也不是钻石，而是智慧。因为智慧是任何人都抢不走的。你只要活着，智慧就永远跟着你。”

用甜蜜的书充实大脑

曾经有一位作家在书中这样写道：“犹太人家庭在学问上应受到高度评价，在这个方面非犹太人家庭相形见绌。这个因素，构成了其他一切差异的基础。”正如这位作家所说，犹太人与非犹太人的差距便是，在知识学问上的重视程度。在犹太人看来，世间的金银珠宝、房屋土地，都是可以变化消逝的东西，而知识则是可以长久流传的财富。

犹太民族是一个重视学问、勤于学习的民族。据联合国教科文组织1988年的调查表明，在犹太人居多的以色列，14岁以上的以色列人平均每月读一本书；全国的公共图书馆和大学图书馆超过1000所，平均每4500人就有一所图书馆；在拥有近500万人口的以色列，有20%的居民办有借书证；在人均拥有图书馆和出版社及每年人均读书的比例上，以色列超过世界上任何一个国家，为世界之最。

而在犹太人的家庭里，几乎每家的床头上都会放一个书柜，里面整齐地摆放着书籍。如果把书柜放在床尾，就被人认为是对书的不敬，也是对生命的不敬。透过这个传统可以发现，书在犹太民族享有至高无上的权威，知识和学问永远是犹太人追求的神。

每一个犹太人在稍微懂事的时候，犹太妈妈就会翻开圣经，叫孩子去亲吻圣经，而每一个孩子在书的每一个角落尝到的都是蜂蜜的甜味。因为他们的母亲会事先滴一点蜂蜜在圣经上面。

有一次，一艘大船载着许多大富翁出海航行，在这群富翁中，只有一个人非常例外，他不像别人那样很富有，但是他有渊博的知识。

富翁们闲着没事，就向同伴炫耀自己所拥有的巨额财富。正当他们彼此争论不休的时候，这个学识渊博的人说："我觉得大家都没有我富有，只是我的富有不能体现在金钱和实物上。"

船行半途，遭遇了海盗的袭击，富翁们的金银财宝被抢掠一空。当船行至一个港口时，因为没有了资金不得不停下来。

下船后，这位有学识的人凭借其丰富的知识和高尚的人格，在当地非常受人拥戴。居民们非常敬重他，让他在学校里教书。

一段时间之后，曾经同船旅行的富翁们却陷入朝不保夕的凄凉境地。

犹太妈妈也会经常告诉孩子：孩子，书是甜的，世间的金银珠宝，房屋土地，都是可以消逝的东西，唯有知识才是可以伴随一生的财富。

曾经有一个著名的犹太商人，他每年平均阅读 300 ~ 500 本图书。这位商人先做汽车生意，后来创办了饭店。他做汽车生意时的总资产是 1 亿美元，开办饭店后他的资产迅速增长到 60 亿美元。尽管如此富有，他仍不忘记阅读书籍、学习知识。他的成功秘诀就是不断地补充知识，也就是学习，学习，再学习。

一天下午，他的一个朋友去公司找他，发现他正在办公桌前认真地看书，桌上摆着 4 本书。朋友见状，问他："我非常想从你这里吸取赚钱的经验，你能否讲些赚钱的秘诀和方法呢？"

他说："事实上，赚钱是很容易的事情。我之所以会拥有这么多的资产，就是因为我不断地阅读，不断地学习。”

他表示不但自己学习，还总是潜移默化地影响着孩子，让孩子重视学习知识。他说：“我每天晚上都会在固定的时间和孩子一起坐在书房里看书，相信多读书、多学习知识，总会有用得着的时候。”

美国的多利特将军说：“如果战斗必须打响的话，我们所做的准备不是锻炼四肢，而是充实大脑”。这话说得颇有些道理。

把学习当作一生的课题

犹太民族，这个生命力极强的伟大族群，几千年来靠什么维系下来、繁衍下来的呢？固然有诸多因素，但是其中最耀眼的闪光点是全民族孜孜不倦的学习精神。对犹太人而言，知识是最可靠的财富，是唯一可以随身携带、终身享用不尽的资产。于是他们把学习视为一生的课题，通过不断地学习各个方面的知识来充实大脑。

犹太妈妈在教育孩子时也总是强调学习的重要性，他们会告诉孩子知识是无穷无尽的，只有不断地学习才能掌握更多的知识，使自己更博学、智慧，从而将知识转化成财富。

多年前，有一个基督教徒想在街上雇一辆马车。他环顾一下四周，发现不远处有一排犹太人的马车。走近一看，马正在吃草，却找不到车夫。他就问在路上玩耍的小孩：“车夫哪儿去了？”小孩回答说：“在车夫俱乐部吧。”于是，这个基督教徒就来到街道深处的车夫俱乐部，看到在狭窄的屋子里面，车夫们都在学习《塔木德》。虽然是车夫，但他们一有时间就学习圣书。这就是传统犹太人的写照。

历史记载，当罗马人攻占“圣地”耶路撒冷时，犹太人只提出唯一一个“请求”，那就是强烈要求给他们保留一所哪怕是很小很小的学校。他们按照古犹太人先哲的睿智和教诲认识到，只要有了知识的园地、智慧的摇篮，这个民族就是有希望的民族，有前途的民族，就是打不垮、消不灭的民族。所以，他们含泪告别耶路撒冷时说：“历史会见证，将来我们会回到自己的家园。”

事实上，大多数犹太商人看起来更像学者，他们学识渊博，风度儒雅，身上普遍透着一股书卷气。这并非因为犹太商人都有高学历，都在学校学习过许多年，而是因为犹太民族的学习传统和钻研习惯。

因有着数千年没有家园四处漂泊的特殊经历，犹太人对学习、对知识重要性的认识要比其他民族深刻得多，他们早就将之上升到“资本”、“资产”的高度，他们将之比作“抢不掉而又可以随身带走的资产”。

认识到智慧和知识的价值，犹太人对智慧和知识表现出无比的敬重。在其他民族将王侯、贵族、军人或商人的地位放在学者之上的时期，犹太人却认为学者比国王大。被犹太人称为生活圣经的《塔木德》一书中有这样一句话：宁可变卖所有的东西，也要把女儿嫁给学者；为了要得学者的女儿，就是丧失所有的一切也无所谓。对学者的敬重其实就是对知识的敬重。犹太人从小就把学习知识、钻研学问当作毕生的追求。久之，这便成了个人的习惯，民族的传统。

纽特·阿克塞波正是把学习当作一生课题的榜样。

纽特·阿克塞波青年时期渴望学习语言，学习历史，渴望阅读各种名家作品，以使自己更加聪慧。当他刚从欧洲来到美国北达柯他州定居的时候，他白天在一家磨坊干活，晚上回来还要连续几个小时读书。

当他64岁的时候，他给自己在山上修造了一间小屋。自己做饭，自己料理生活。闲暇时去公立图书馆借许多书回来看。他感到从来也没有生活得这么自在过。一天凌晨3点钟，他读完了一本小说，这时他作出了一个决定：去上大学。他一辈子爱学习，现在他有的是时间，为什么不去上大学？

为了参加大学的入学考试，他每天读许多书，有几门学科他已有相当把握。但拉丁文和数学还有点困难。他又发奋学习。后来终于相信自己已做好了入学考试的准备。于是他购置了几件衣物，买了一张东去康涅狄格州纽海芬的火车票，直奔耶鲁大学参加入学考试。最终以优异的成绩考入了耶鲁大学。

犹太妈妈总是这样告诉孩子：将生活看成是在你前面无限延伸的、漫长的、渺无尽头的道路，你只有坚持学习，不断努力向前走，才不会在中途迷失方向。

不断获取新的知识

犹太人的杰出代表人物之一马克思曾说过："任何时候我也不会满足，越是多读书，就越深刻地感到不满足，就越感到自己知识贫乏。科学是奥妙无穷的。"人生的价值在于不断进取，在不断超越自我中获取新的知识去充实大脑。人不能满足于已经有的学识，正所谓"活到老学到老"，而犹太人就是把学习当做一生的追求。

知识的海洋浩瀚无穷，无论我们穷尽一切力量都不过是掌握了沧海一粟，所以更要不断地超越自我去获取新的知识令大脑的知识构成更丰富。《塔木德》上说：超越别人，不如超越自我。

犹太妈妈总是不断地告诉孩子，人的生命由两部分组成：父母给予的以及自己赋予的，其实也就是先天和后天。先天只是出身，后天才是生命的实质。生命的实质必然要由超越来维持和升华——超越自我，超越出身，超越局限。

犹太妈妈经常用这样一则故事教导孩子要去不断地超越自己。

有一对父子都是拉比（是犹太人中的一个特别阶层，是老师也是智者的向征）。父亲性格温和，考虑周到；而儿子却孤僻、傲慢，所以他一直没有成功。

有一天，儿子对父亲抱怨。老拉比说："我的孩子，作为拉比我们之间的区别是：当有人向我请教律法上的问题时，我给他答复。他提的问题以及我的答复，我的提问人和我都满意；但是若有人问你问题，则双方都不满意——你的提问人不满意，是因为你说他的问题不是问题；你不满意，是因为你不能给他一个答案。所以，你不能怪别人而必须放下架子反省自己，才能成功。"

"父亲，你是说我必须改变并超越自己？"

"是的。"父亲回答，"真正超越从前自我的人，才是真正成功的人。"

超越自己的历史传统融入了犹太人的血液之中，所以，犹太民族成为最勤奋的民族。

道理很简单，如果勤劳自勉，借以超越自己，那么总有一天，就会自然而然地超越了别人。人一定要把握住自己的内在动力。超越自己，才能不断地鞭策自己前进，而不因为一时的懈怠或者暂时的成功而失去继续努力向前的动力。

食品大王保罗·纽曼的故事更能说明犹太人是如何敢于打破旧有的生活状态而取得成功的。

保罗·纽曼是出生在美国的犹太人，他的父亲是一位小商人，母亲喜欢音乐、艺术。纽曼大学毕业后，留在父亲的商店工作。本来做一个老板，做一个犹太商人，他也可以成功，可他不满足于日复一日的平淡的生意。于是，在不解和怀疑的目光中，喜欢表演的他毅然卖掉了杂货店，一心一意投身到了演艺界。他饰演了许多影片，如 1956 年的《上帝喜欢我》，1958 年的《漫长的夏日》，1960 年的《在阳台上》，1961 年的《骗》等，均获观众的好评。他曾 5 次被提名为奥斯卡金像奖最佳男主角，到 1987 年他 60 岁时，终于在第 6 次提名时，荣获奥斯卡最佳男主角，圆了自己 40 年的梦。此外，他还是出色的导演。他在电影上的成就，为他赢得了声誉和财富，他成了一位富有的艺术家。保罗·纽曼从商人到艺人的跨越，使其在新的领域内赢得了更大的成功，也挖掘了自己在表演上的天赋。

但是，保罗·纽曼的超越并没有完结。1982 年，一个偶然的机会使他接触到了一种新的食品。这种新玩意儿是拌面条用的酱汁，味道非常好。曾经作为商人的纽曼看到了其中蕴藏的商机。于是他与朋友合作，投资数十万美元开发这种食品，并成立了“保罗－纽曼食品公司”，就这样，他又开始了从艺人到企业家的超越。最后，他被誉为美国的“食品大王”。

犹太人认为，超越自己的事情一天都不能放松，尽量地学些不同的事物，将它们组合起来，才会有新的知识和洞察力产生，这些不同的事物相互影响之后，往往会有许多新的创见。

事实上，只有教会孩子不断超越自我，不断让孩子在新的生活和环境中去迎接挑战，汲取全新的知识充实大脑，才能保持孩子的创造力，才能最大限度地发掘孩子的潜力。

绝不让孩子丢弃学业

不管在世界的哪个角落，我们要让孩子都在做的一件事就是不断以知识充实大脑；不管身处社会的哪一个阶层，我们一定要让孩子把学习作为第一要务，这已经形成为犹太人的共识。

在长期的流散生活中，犹太人为了信仰，为了生存，非常注重学习，始终把对子女的教育视作一种至高无上的神圣事业。他们明白，在异国他乡没有文化知识是很难站得住脚的。

古时候，犹太人的墓园里常常放有书本。他们深信在夜深人静时，死者也会出来看书的。这种怪异的做法有一种象征的意义：生命有结束的时候，求知却永无止境。透过这些远古的仪式，我们可以感受到犹太民族对教育的重视。

爱因斯坦的成就与他在童年时代受到的良好教育有很大的关系。他得益于母亲的音乐熏陶，得益于叔父的数学启蒙，得益于父亲在他做出了蹩脚的小板凳后仍加以鼓励的情感教育。

犹太人中有个说法，犹太人一生有三大义务，第一义务是教育子女。本世纪初，移民美国的犹太女性的就业率大大低于其他民族，因为她们留在家里照看孩子，确保孩子上大学。而同为移民的意大利人，却把孩子当做工作的好帮手，其结果是辍学早、成绩差、少年犯罪率高，而犹太儿童则是学习成绩优秀、行为良好。二者谁是谁非，不言自明。

每个犹太人的家庭，为了子女的求学，往往不惜倾家荡产；国家对教育也有严格的规定和优惠政策。以色列的《义务教育法》规定：5 ~ 16 岁的儿童少年必须接受义务教育，如本人愿意，到 18 岁仍可享受免费教育。重视教育，成了犹太民族的一个非常显著的特点。

以色列历届领导人一直把“教育立国、科技立国”作为追求的目标。梅厄夫人说：“对教育的投资是有远见的投资。”夏扎尔说：“教育是创造以色列新民族的希望所在。”伊扎克更直截了当地说：“教育上的投资就是经济上的投资。”

以色列始终把教育放在优先地位，投放了较高的经费，始终高于全国国民生产总值的 8%。在一个四面战火、困难重重且军费开支相当高昂的国家，教育投资能达到这一水平，的确难能可贵。以色列的大学是公认的世界一流大学，凡是参观过其大学的外国人无不为其优美的校园、宏伟的建筑、先进的设备和丰富的藏书而赞叹不已。

因为崇尚智慧，所以犹太人爱书的传统也是历史悠久、深入人心的。在《犹太法典》中有许多关于书本的良言：

“一个人在旅途中，如果发现一本故乡人未曾见过的书，他一定会买下这本书，带回故乡与乡人共享。”“生活困苦之余，不得不变卖物品以度日，你应该先卖金子、房子和土地，到了最后一刻，仍然不可出售任何书本。”“即使是敌人，当他向你借书的时候，你也一定要借给他，否则你将成为知识的敌人。”“千万不要使用会伤害书本的书签。”“把书本当做你的朋友，把书架当做你的庭院！你应该为书本的美而喜悦，采其果实，摘其花朵。”

对于犹太人来说，书本就是知识，他们视书如命。公元 1736 年，拉特维亚的犹太人区定立了一项法律，规定当有人来借书时，如果不把书本借出的人，都要被罚款。

在犹太教中，勤奋好学是敬神的一个组成部分，没有一种宗教像犹太教那样对学习和研究如此重视。因此，犹太人家庭对子女教育的重视程度，远远胜于非犹太人的家庭。这也是犹太人为什么那么优秀的一个主要原因。

从小培养爱知识的习惯

马克思主义创始人——犹太人卡尔·马克思曾说过："求知可以改变一个人，甚至能够改变整个人类的命运；没有一个人是贫穷的，除非他不想接受知识。"犹太民族曾经是一个多灾多难的民族，他们受尽歧视和迫害，人民被屠杀，房屋被烧毁，金钱被抢走。所以，犹太人选择了一种财富，就是智慧。因为在犹太人看来，即使大难临头，智慧也无法被人剥夺走，智慧可以永远伴随着自己。

海菲茨是一个著名的小提琴手，他的父亲是位专业的小提琴手，海菲茨3岁时，父亲就叫他学琴，4岁时进了维尔纽斯音乐学校，6岁时在音乐会上成功演奏孟德尔松的"e小调小提琴协奏曲"。对于学琴的这段时光，海菲茨回忆道："因为父亲在家时规矩很严，我练得也最多。我喜欢单独一个人在房间里练习，为此父亲曾和我有过冲突。即使长大成人后，我练琴时仍不能有人在场。"那年海菲茨8岁，维尔纽斯音乐学校要为名师奥尔教授演奏。这位名师一眼就看出这孩子是个好苗子，于是，建议他父亲把海菲茨送到圣彼得堡来跟他学习，当时的法律禁止犹太人在圣彼得堡定居，使得都是犹太血统的这一家人伤透了脑筋。幸好，圣彼得堡音乐学院的著名作曲家格拉祖诺夫为他们想出了办法，将父子俩一并收为学生。父亲不仅在海菲茨小提琴的学习上费尽了心血，而且督促他学习其他文化课程，德语、历史、地理、法语、数学，并为他请了私人教师。海菲茨学习也十分刻苦，并且每次出去参观博物馆或看戏，回来都要写一篇作文。海菲茨保持了这种终生持之以恒、勤奋刻苦的求知欲望。

1912年10月，海菲茨与柏林爱乐乐团合作演出了柴可夫斯基的小提琴协奏曲，海菲茨这次精彩的演奏轰动了乐坛。观众席上的克莱斯勒对身边的津巴厘斯特表示："听后深为赞叹"。此后，海菲茨的名字不胫而走，人们又知道俄罗斯出了一位了不起的男孩。

海菲茨横空出现使整个小提琴界的面貌为之焕然一新！如同俄罗斯民间传说中造福人间的火鸟，美丽神奇！他的成功与他的父亲不断的教育以及他自己的求知是分不开的。也正是犹太人强烈的求知欲，才对知识和教育都十分重视。就吸引有知识的人才这一点而言，可以看出他们对知识人才的顶礼膜拜。

犹太妈妈经常会给年幼的小孩讲述尊重知识的故事，更是鼓励他们在行动上有所表现。特别是在今天的以色列，孩子们在平时的上课学习中，不能迟到，上课要做到聚精会神，课外要认真复习，作业要按时完成；在生活中，也是对知识刨根问底，并且在家长的帮助下解决问题。

从小学会尊师重教

在犹太历史上，"教师"一词的确切含义并非是一成不变的。犹太民族历来就是尊师重教的民族，犹太人在很小的时候，父母就会告诉他们要尊敬师长。在早期的犹太社会中，教育尚处在以家庭教育为主要形式的初级阶段。那时候，社会上并不存在专职的教师职业，教育子女的任务主要是通过父亲和拉比（不仅是神职人员、法官、律师、牧师、医生，而且还是教师。）共同完成的。在家庭中，父亲承担着教育子女的任务，他把“智慧之言”及为人处世的道理传授给自己的子女。因此，父亲就是教师，教师也就是父亲。在希伯来语中，“父亲”一词本身就具有“教师”的意义。在犹太人中还长期流传着这样一个故事表达孩子要尊重老师：

约力夫是个摔跤高手，他的绝招据初步统计就有290种之多，因此他每次出手都会变幻莫测。在他的众多徒弟当中，他最喜欢长得英俊的萨利尔。萨利尔本事高明、力大无比，是所有弟子中最优秀的一个。萨利尔名气已经很大了，有一天，国王亲自点名看他的摔跤。比赛胜利后，萨利尔跑到国王面前夸口，说自己不愿摔赢师傅并不是自己技术差，而是因为师傅的年龄较大。说其实他自己的力气和本领比师傅要好。他这样是不尊重师傅、狂妄自大，国王听后非常生气，叫人选了一处宽大的场地，把满朝文武都请来，叫师徒二人比赛。

萨利尔耀武扬威地走进场地，像一只被激怒的狮子，对待他的师傅就像对待敌人一样，仿佛他是一座铁山，会推倒所有的阻力。约力夫知道他力气比自己大，所以就用巧劲，于是用了一个萨利尔没见过的招数将他扭住。萨利尔还没反应过来呢，就已经被师傅举过了头顶，摔在地上。满场的人都欢呼起来。国王奖给师傅一件华丽的袍子，并斥责萨利尔说：“你太狂妄自大，妄想和你师傅较量，可结果呢？”

萨利尔说：“国王！他不是凭借力气胜的我，而是有一招没教给我。他凭的是一点技术打败我的。”师傅说道：“我留下这手就是为了这一天。”圣人说：“不要把所有本事都教给徒弟，以防徒弟将来背叛！”

从前有个吃过徒弟亏的人也曾经说过，不知道是这世上本来就没有情义，还是如今人心变得太快，我向他们传授射箭技艺，最后他们却把我当作天上的鸽子。萨利尔如果能谦虚谨慎，尊敬传授给自己技艺超人的师傅，可以想象，不久的将来，师傅一定会将这最后一招也传授给他，使他成为世界上最强大的摔跤手！

长期以来，各地犹太人都形成了尊师重教的优良传统，他们使“拉比们和有智慧的人”得到极高的声望。而在犹太人的现实生活中，拉比就是各地犹太学校的负责人与职业教师。尊敬老师以及老师的劳动成果，不仅仅是师生和谐相处的基本前提，而且是每一个有良知的人应当具备的最起码的品德。

有智慧比有金钱重要

犹太人善于赚钱，把赚钱看成一种生存的手段，他们认为金钱和智慧的关系如鱼和水是分不开的。犹太人教育孩子以智慧来赚钱，正是因为这一点，使犹太生意经成了智慧的生意经，犹太生意经使人在做生意的过程中越做越聪明，而不是越做越迷失的生意经。因此，犹太妈妈教育孩子学会做一个以智取胜、有智慧的人。但是智慧这个词也属于模糊的概念，范围极大、定义又不清晰，那么到底什么是智慧，可能说法各异。犹太拉比们说，智慧比金钱更重要！

有个犹太人，他非常富有，每天回家都开着豪华汽车，每次下车时，都能碰见一个要饭的人向他乞讨，那要饭人守在路边穷困至极，富人一开始的时候并不想搭理他，看都不看他一眼，邻居们也都说这位富人心地不仁慈。然而，富人却说：“我这样做，恰恰是仁慈的表现。你们想，他站在这儿乞讨要饭，如果能够乞讨到东西就不会想去干别的事，因为他还能乞讨得到就能活得下去，其实，富人都是被穷困给逼出来的。”

邻居们摇摇头，说富人真是站着说话不腰疼，穷人是没有出路的，有了出路自然会去谋生。富人说咱们试试看，第二天富人下车，走到要饭人的面前，给他3张百元钞票，说：“我最初就是用300美元钱做小买卖起家的，现在同样给你300美元，你好好利用，用它谋生去吧，别在这乞讨了。”那要饭人见钱眼开，满口应诺。

从此，半月没见他人影，邻居们正以为富人这钱给对了时，穷人又回来了，接着要饭。因为他把钱花光了，不得不又伸出了乞讨的手。富人的车开了过来，从此，再也不理会这个要饭的人。这个要饭的人并非是“穷人”，而是一个“穷”的人。

在犹太人的观念里，世上的财产永远也不会均衡分配在每个人手里，有富就会有穷。所以他们教育自己的孩子“哀莫大于心死，穷莫大于心穷”。心穷透了，谁也没办法来救你。这也是犹太人教育孩子要学习的一种智慧。

一位著名的军事家也曾说过，智慧在任何时候都起着主导作用和主导力量。平常有时候我们还能听到这样一个比喻：商场如战场。但人们对这一比喻通常只停留在其残酷无情的意义上去理解，而没有注意到它们还有一个共同之处，即这两者都是智者的游戏。有智慧的人既然知道金钱的价值，为何不能运用自己的智慧去获得金钱呢？知道金钱的价值，却只会依靠为富人效力而获得一点带“磋来之食”味道的报酬，这样的智慧又算得上是什么智慧呢，又有什么用呢？在金钱的狂态面前俯首帖耳的智慧，是不可能比金钱重要的。

立志成为有智慧的人

犹太人对他们的孩子说："做一个知识渊博的智慧商人。"大家都知道钻石是一种昂贵的商品，也是属于装饰女人使女人更高贵的商品，按犹太人的经商法则来说，钻石是一种很赚钱的商品。犹太人的孩子在刚开始都不明白，钻石和学识渊博到底能搭上多少关系？又怎么能使钻石产生神奇般的魔力呢？成功的钻石商人到底应当具备哪些条件呢？

有一个日本商人，通读了犹太人的经商法则，并且掌握得很好，在经营女士手提包上很成功。在站稳脚跟后，他还想进一步扩大经营范围。一天，他凑巧就看中了犹太人靠钻石发财的钻石生意，但是，经过了解，他得知最近日本的钻石生意并不景气，又看到许多曾经对钻石生意很感兴趣并抱有很大信心的人都失望而归。为了避免遭受同样的失败命运，日本商人去拜访了当时有名的世界钻石大王玛索巴氏，向他提出了这样的问题："要取得钻石生意的成功，究竟必须要具备哪些条件？"玛索巴氏不假思索地回答他："要想成为成功的钻石商，必须先要拟好一个100年的计划。也就是说，单靠你一生的时间是不够的，最少要赔上你孩子的那一代，要两代人的精力和时间才行。同时，经营钻石买卖，最要紧的一点是获得别人的尊敬和信任，被人尊敬和信任是贩卖钻石的必备基础。钻石商人学识要非常渊博，无论什么事都要知道才好。"玛索巴氏还想考一考日本商人的学识，冷不丁问："你知道澳大利亚近海一带有些什么种类的热带鱼吗？"日本商人被问得哑口无言，感到莫名其妙，因为做钻石生意和太平洋底部的鱼类毫无关系，怎么问这样一个风马牛不相及的问题呢？一个钻石商人，如果把太平洋有哪些鱼类都了如指掌，可见对浩繁的钻石种类的了解肯定也是全面、周到的，和这样的商人合作是令人愉快和放心的。

据了解，今天人们接受的信息，来自文字的不到五分之一，而来自语言的超过五分之四。如交谈、会议、报告、电视、讨论、广播等手段，使人们可吸取大量的信息和知识。虽然如此，犹太人能在文化艺术、科学技术和经商等各方面出现众多的优秀者，秘诀在于重视读书、善于学习及定向选读。如自已需要攻克某个方面的技术，或某个项目而缺乏相关的知识，即选定相关的书籍、资料进行阅读和学习。比如爱因斯坦的非欧几何知识缺乏，但他为了创立相对论，于是选学这个学科的有关书籍，效果立竿见影。

第 02 辑

注重方法，独特的教育造就独特的民族

犹太民族是一个灾难深重的民族，但犹太人民却凭着自己的聪明智慧，成为世界上赚钱最多的民族。无论在全球金融界、商界还是科学界，他们拥有的财富比重始终独占鳌头，这与犹太人注重教子方式密切相关。

独立思考令头脑更智慧

大凡孩子做错了事，家长们就大声斥责：“你怎么又做错了？教你多少遍你才能学会！”“不是说了吗？你那样不对，应该这样做……”生活中此类场景司空见惯。是的，当孩子犯了错误，家长们总会气急败坏地进行说教和唠叨，最后还不忘感叹一句“怎么那么不听话”。

现实中，为了尽量避免孩子走弯路，父母们把一切事物都安排得十分妥帖周到，从来就没有什么事需要孩子自己去考虑、去想办法、去解决、去处理，总是希望他们能够按照自己既定的方向去生活，却忽略了正是如此的强硬，生生剥夺了孩子独立思考问题的机会，甚至直接扼杀了他们的创新能力。成人的思维难免被定格或固化在特定的模式中，也许是正确的简便的，但是却没有给孩子一个独立思考问题的过程。所以只有经历了思考的过程并提出自己的疑问，孩子们才能更加智慧，也才能真正将智慧化为自己所有。

众所周知犹太人是最会运用独立思考创造智慧的民族，他们认为事情的结果固然重要，但思考的过程才是更为宝贵的。由于多种原因，犹太人的命运始终处于风雨飘摇之中，四处漂泊的他们之所以能在生活的恶风险浪中幸存，并且更加繁荣兴旺，这与他们的智慧是分不开的。而犹太人的智慧又源于他们不懈地思考，思考贯穿于犹太人的一生。通过独立思考，他们变得更加优秀。

犹太人给人一种印象：总是夹带另一个问题答复一个问题。一个问题可以为另一个问题增加深度，还能为另一个问题作答。他们不断地发现问题然后独立思考去解决问题，这样的过程令头脑更加智慧。犹太人还总是以“成大事者都要养成勤于思考”教育后代。善于发现问题、解决问题，不让问题成为人生的难题。可以说，任何一个有意义的构想和计划都是出自思考，独立思考可以支撑起人生。

犹太妈妈教导孩子的时候也总是循循善诱，引发他们独立思考，而非全盘说出自己的看法去束缚住孩子的思维。他们特别推崇孩子有独立思考的能力。要培养孩子的独立思考能力，就要提供一些机会让孩子自己去思考、去感觉：什么是对，什么是错，什么应该做，什么不应该做。

教士问：“有两个犹太人从高大的烟囱里掉下去，一个满身脏，一个很干净，谁会去洗身子呢？”

年轻人说：“当然是满身脏的人。”

教士说：“你错了！满身脏的人看着很干净的人想：我身上一定也是干净的；很干净的人看着满身脏的人想：我身上一定也是满身脏的。所以，是很干净的人去洗身子！”

教士接着问：“两个人后来又掉进高大的烟囱里，谁会去洗身子呢？”

年轻人说：“当然是那个很干净的人。”

教士说：“你又错了！很干净的人在洗澡时，发现自己并不脏；而那个满身脏的人则相反。他明白了那位干净的人为什么要洗澡，所以这次他跑去洗了。”

教士再问：“两人第三次从烟囱里掉下去，谁又会去洗澡呢？”

年轻人说：“当然还是那脏身子的人。”

教士说：“你又错了！你见过两个人从同一个烟囱掉下去，其中一个干净，一个脏的吗？”

这就是犹太妈妈的教育方式——鼓励人们独立思考，不给人们权威性解释，孩子必须融会贯通发表自己的见解。犹太妈妈认为培养孩子独立思考的能力比获得结果更重要。无论孩子们按照大人的方式将事情做得多么精彩，他们都会觉得这个孩子是没有智慧的。

犹太人中的杰出代表——马克思，就是依靠“独立思考”、“怀疑一切”的精神留名青史的。纵观马克思主义，正是在批判中诞生，又是在不断地批判中丰富和发展。这就不难理解当他心爱的女儿问“您的座右铭”时，他毫不犹豫地写下“怀疑一切”四个字了。

当普通人拘泥于一种思维方式而没有任何创新时，优秀人物却以一种独特的思维方式独树一帜。但是正是这种独特的逆向思维方式给人带来了无数的成功机遇。正如牛顿看到苹果落地会感到惊讶一样，这种思维能力将人的思考引向深处。而这种思维能力应该在童年时代加以培养和鼓励，因为孩子总是喜欢做出不同凡响的事来吸引大人的注意，要利用孩子这种心理来引导他们。

犹太人强调创造性，主张孩子独立思考。思考分两种，一种是本质性的思考；一种是功能性的思考。任何一个孩子问问题，父母绝对不会先把答案告诉你。拉比口袋里装着故事，遇到问题，拉比不会直接把问题的答案告诉你，而是告诉你一个故事，听了故事你可能尚且不懂，不懂也没关系，你会去找答案。通过自己的悟性明白个中缘由岂不更好，青出于蓝而胜于蓝嘛。

人的思考能力是自己唯一能完全控制的东西，没有正确的思考，就不会有正确的行动。但智慧是不会从天上掉下来的，而是需要严格的训练和培养的，而独立思考却是其中最为有效的途径之一。

如今，我们处在“信息时代”，处在“知识爆炸”时代，客观上对每个人的思考能力提出了挑战。凡是愈有思考能力的孩子，求知欲望就愈强，终身学习的能力就愈强，创造力就愈强。这种能力，使他能够与时俱进，备受社会的欢迎。然而，很多父母却过于注重孩子学习的结果，而轻视了其学习的过程。其实让孩子学会独立思考，才是他一生最大的收获，授之以鱼不如授之以渔。

学会独立思考和独立判断比获得结果更重要。不下决心培养思考习惯的人，便失去了生活的最大乐趣。把发展独立思考和独立判断的能力放在首位，而不应当把获得专业知识放在首位。独立思考，才能将不懂的东西弄懂，增加学识，增长知识，开启智慧之门。

提问是获取智慧的原动力

犹太人的孩子七岁的时候思想就犹如飞龙在天了，因为他们特别重视提问。爸爸妈妈交代孩子，去学校要向老师多提问。老师也特别鼓励学生提问。犹太人中流传着这样一句话："不做背着很多书本的驴子。"他们把仅有知识而没有才能的人喻为"背着很多书本的驴子"。他们认为，一般的学习只是一种模仿，而没有任何创新。学习便是经常怀疑，随时发问。怀疑是智慧的大门，知道得越多，就会怀疑得越多，而问题也就随之增加，所以发问使人进步。

爱因斯坦说"想象力比知识重要。提出问题比解决问题重要。"犹太人擅长培养孩子打破沙锅问到底的习惯，鼓励孩子凡事常问个为什么，而且父母会不厌其烦地给予正确回答。对孩子的提问努力表现出兴趣，与孩子一起去思考，去寻求未知的答案，孩子提出问题的欲望就会不断增强。

一个孩子刚刚学会说话，刚刚能用语言表达自己的看法、感受时，常常会问一些大人看似很"傻"的问题：天空为什么是蓝的？树叶为什么是绿的……对此，你会怎样回答？也许你会说，这些问题孩子理解起来太难了，因而不屑于回答；而有些父母由于工作、家务太忙会感到精力疲乏，当孩子不停地向他们问为什么时，就常用不耐烦的口吻对孩子说："别烦妈妈（爸爸）了，自己玩一会儿。我忙着呢！"更多的父母常常会敷衍了事，随随便便给个答案。

可是犹太妈妈认为，当一个孩子提出的问题总得不到及时、确切、合理的解答时，他就会慢慢丧失提问的欲望——因而也就丧失了一个成长的最好时机。许多人都羡慕犹太民族的聪明与智慧，聪明与智慧的起点便是培养教育孩子认知事物、怀疑事物、不断地提出问题。

犹太妈妈注重对孩子的提问，不但有利于增加孩子与父母之间的沟通，而且也有利于开发孩子的智力。犹太妈妈总是鼓励孩子提问，她们认为提问的过程，也是不断思考、探索新知、认识世界、了解世界、掌握知识的过程。

当一个犹太人的小孩上学的时候，他就被鼓励提问。放学回家之后，他的妈妈就会问他："鲍比，你今天在学校里向老师提问题了吗？提的什么问题？"小孩子说："我问老师，为什么鱼是用嘴巴呼吸而不是用鼻子呼吸，它的鼻子在哪里？我过马路的时候为什么红灯总是亮的？为什么玛利老师今天穿了一件咖啡色的裤子？"开始的时候，孩子们的问题让人觉得幼稚可笑，但是时间一长，他们的问题就已经让人很难回答了，甚至一些专业的教授也无法回答了。

所以，犹太人就是这样喜欢提问，在他们看来思考是求得智慧的开始。不会思考的人，也不会学习。思考让人明白为什么要去做一件事情，做这件事情有什么好处，他们所探求的是一件事情根本的原因，而不是那些浮在表面的东西。你如果抓住了这些最为根本的东西，就如同抓住了深水中的鱼；如果仅抓住表面的东西，你抓住的不过是鱼吐出的水泡。

诺贝尔奖获得者、美籍犹太人赫伯特·市朗成名之后回忆说："小的时候，我的祖父常常问我，为什么今天与其他日子不同呢？他总是让我自己提出问题，自己找出理由，然后让我自己知道为什么。我的整个童年时代，父母都鼓励我提出疑问，从不教育我依靠信仰去接受一件事物，而是一切都求之于理。我以为，这一点是犹太人的教育比其他人略胜一筹的地方。”

在美国，有位犹太女性杰丝卡，她是以色列人，开朗大方，脸上总是带着微笑。她丈夫是美国一家公司驻以色列的代表，经常在以色列与美国之间往来。诺杰丝卡自己则带着儿子阿莱克斯在美国生活，独立承担了抚育孩子的重任。

一天，阿莱克斯乘坐幼儿园的接送车回家，正和人聊天的杰丝卡看见孩子马上迎了上去，陪他一起走进了房间。进门之后，杰丝卡问阿莱克斯：“今天你提问了吗？”阿莱克斯连连点头。“那么，你都问了些什么呢？”杰丝卡继续问他。阿莱克斯开始复述他一天中所提的问题，有的是问幼儿园老师的，有的是问同班小朋友的。问题千奇百怪：为什么有的蚂蚁会有翅膀？为什么树叶有红的也有绿的？为什么牛奶不能换你的饼干……一天竟然问了三十七个问题！杰丝卡满意地点了点头。

原来，每个犹太人在很小的时候，几乎都会被长辈提问。杰丝卡小时候，她爸爸就常问她，为什么人每天都要吃饭，而饭都跑到哪里去了呢？最初，她对此是一无所知，常常是红着脸或者咬着嘴唇不说话。但是爸爸没有责备她，而是让她每天都问别人十个她不懂的问题，如果没有人回答她，就自己去找出答案。从那以后，杰丝卡觉得日子的确不一样了，因为每天都是新鲜的。

相比于犹太人，其他民族的人们却认为，缠着父母问这问那的孩子是惹人讨厌的。父母可能会对跟在身后喋喋不休的孩子大加训斥，对于孩子提出的问题，也常常是敷衍了事。然而，这样做是错误的！

学会提出问题是获得智慧的原动力。然而许多父母却并不明白这个道理，他们很少对孩子提问。每天孩子放学回家，很少有父母会详细地询问孩子在学校的情况。看到孩子放学，只是简短地说声放学了、有没有留作业之类的，至于孩子在学校有没有提问，父母根本就不关心。有的父母甚至在孩子提问的时候会训斥孩子问题太多。长此以往，孩子会觉得回家和父母无话可说。父母偶尔问起学校的情况，孩子也只是三两句搪塞过去。

生活中，不妨多向孩子提一些问题。这样不但可以巩固孩子在学校所学到的知识，让孩子有一个间接复习，也有利于启发孩子的思维能力，给孩子一个思考的空间。所以，如果你想让你的孩子更聪明，就要记得经常向孩子提问，并鼓励孩子提问。

注重用背诵充实大脑

犹太妈妈教育孩子是从三岁开始的。父母们可以为孩子选择交费的私人学校，也可以选择免费的公立学校。刚入学的时候，孩子们就会受到高年级学生所创造的学习氛围的感染，接着一点点地学习由希伯来文写成的简单的知识板块。在学校里，他们从记忆简单的文字开始，一直到可以诵读祈祷文。在这里，犹太妈妈的目的不是让孩子们理解文章的意思，而是让他们背诵。犹太人认为，如果不能培养出一个好的记忆力，今后就没有办法学习其他事物。

犹太民族的教育者们会把知识分解开来，深入浅出地教给学生们。然后学生就在理解的基础上开始练习背诵整篇文章，增强记忆力，等到这些内容能够烂熟于心时，则表示自己对内容也有了更深层次的把握，以至于终身都不会忘记，成为大脑中永存的知识。所以犹太人学习知识非常扎实，也源于他们熟练地背诵。周而复始，大脑的记忆空间会不断地扩大，同时也会吸收更为广博的知识。所以犹太人总是在孜孜不倦地学习中。

对于要增强记忆力的人，背诵绝对是一种有效的方法。人们一般不同意死记硬背，说是记住的都是不感兴趣的东西，即使能够记住，也不能在此基础上进行理解。知识是片断性的，而智慧是综合性的。为了改革偏重知识的教育，犹太人先从指导学生背诵整篇课文开始不失为一个好的思路。

孩子到了五岁，就要开始接受正规的教育。学习和背诵《摩西五经》和祈祷书以及它们的注解。到了七岁，就要背诵《圣经·旧约》的其他部分，即先知书和圣著，而且还要接触《塔木德》经书的基础知识。犹太民族的学生们很多都是从早到晚一直在学习。经常可以看到他们捧着书，口中不停地读着什么，然后合上书本闭上眼睛不停地背诵。这种学习热情让人感慨。

犹太人早礼拜的祈祷文有150页左右，如果每天早晨都反复朗读，谁都可以记住。一旦你的记忆容量变大了，你的大脑就有能力不断地储存新的信息。普通的犹太人当中很少有人能用希伯来语将《圣经·旧约》全部背诵出来。《塔木德》经书的研究者中有人能记住经文的全部内容，他们就是用带有节律的吟读的方式将《塔木德》“印”到大脑里面去的。他们在记忆文章的线索的时候，经常先背诵某一提示性的句子，然后再反复诵读《圣经》和《塔木德》，直到眼前能出现所背文句的出处。如果做到这样了，即使手中没有书，他们也可以被当作正确的《圣经》或是《塔木德》来请教，因为这些内容已经深深地刻在他们的脑海里，无论如何都挥之不去。

犹太人海歇尔博士就有这种卓越的记忆力。有一次，一个学生给他借来一本非常珍贵的书。因为不断地遭受迫害，犹太教的典籍多数已经流失，那本书就属于残存不多的孤本之一。布鲁克林的古籍书店表示要把这本书送给他，而东岸书屋表示要帮他影印。海歇尔博士用两三天读完了这本书，便对学生说，“谢谢你了。这本书已经全在我的脑子里了。”于是，他就没有必要拥有这本书或是它的影印本了。

犹太人的文化和知识得以深远流传也源于他们的背诵，背诵将知识储存于大脑，而这些知识也将永永远远地伴随每个人的一生。

对一般人而言，学习就是默读课文，重要的地方用红线和蓝线标出来或将其抄到笔记本上进行整理。这似乎可以达到为了应付考试而进行有效地背诵，但考试结束后，记忆的东西大半都忘掉了。

犹太人学习是将听、说、读、看等各种方式综合起来，而不是单纯地背诵。课文虽然单调，但他们可以用一种旋律来背诵。犹太人的背诵是在深入理解的基础上反反复复地进行，直到这些知识已经根深蒂固地植入大脑。“大脑聪明”换句话说就是记忆力超群，就像计算机的存储能力决定了它的使用范围一样。犹太人的优秀，多半是和他们超群的记忆力有关。

兴趣是获取知识最好的老师

诺贝尔文学奖获得者、以色列女作家戈迪默在谈到自己民族的家庭教育时，说过这样一句话：“我们的家庭教育是民主的、开明的，父母在教育上首先是尊重孩子的选择，而从不强迫孩子按照自己的意愿去学习。”是的，戈迪默说得没错，在对待孩子的选择上，犹太妈妈是比较民主、开明的，尤其是对待孩子的兴趣。

兴趣是最好的老师。孩子对某种事物产生了浓厚的兴趣和热爱，这是一种天性，说明孩子在某方面有着别人所没有的潜力和优势。作为父母，应该支持孩子对他感兴趣的东西进行学习、探索和研究，而不是粗暴地干涉。兴趣是培养人才的“能源”和“动力”。然而，兴趣和爱好并不都是天生的。对儿童来说，兴趣是可以培养和引导的。

堪称世界“第一商人”的犹太人，赚钱对他们来说似乎是与生俱来的一种潜能，他们对金钱财富的渴望也可以看做一种对某种物质的兴趣，于是他们孜孜不倦地学习、博览群书、开发智力等，目的是为了更好地获取财富。

有一位犹太妈妈曾经就是以自己的切身经历讲述了如何培养孩子的兴趣：

她的儿子在1岁两个月的时候，偶然间对“之”字发生了兴趣，从此，在各种场合凡是有“之”字出现，做妈妈的便指着那个字告诉孩子，并教他念“之”的发音。

两个月过去了，她的孩子已经认得ABC三个英文字母，妈妈便趁着这个机会用折尺上的英文字，教他继续学XYZ等，很快孩子就又学会了。到1岁半的时候，孩子又对各种汽车、家电制品的标志发生了兴趣，这位妈妈就给孩子举出很多厂家的名称，让他猜汽车的商标，有时则给他出示商标来让他猜厂名。

犹太人很早就发现，向婴儿反复地灌输某一事物也不会使其厌烦，主要是因为他们还处在一种不懂厌烦的阶段，同时这种一再重复有利于加强他们的脑部智力组织功能。所以，我们可以采用重复的做法来增强他们的智力，这也是有助于培养他们对某一事情感兴趣的好方法。

孔子说：“好知者不如善知者，善知者不如乐知者。”犹太人常常教育孩子要始终保持“乐知者”的角色。犹太妈妈在发掘孩子潜能的时候，最善于的就是培养孩子的兴趣和勤奋的性格以此来发挥他们的潜能。

犹太人认为，培养孩子的兴趣比强硬地让孩子苦读书要有用得多。如果孩子的兴趣在音乐上，你强迫孩子去学法律；孩子喜欢画画，你却认为学计算机有前途……不尊重孩子自己的选择，不善待孩子的兴趣，结果会怎样呢？那些不感兴趣的东西，孩子没心情学，学不好，而孩子自身的潜力也会被埋没。所以，他们总是通过各种途径去培养孩子的兴趣爱好，一旦孩子对某项事物产生了兴趣，那么他就会自觉主动地进行学习，而不用大人逼着去学习。

兴趣可以使人的智力得到开发，知识得以丰富，眼界得以开阔，并会使人善于适应环境，对生活充满热情。兴趣对人的个性形成和发展起巨大作用。孩子的兴趣可能会一瞬间发生变化，也就是说，他们会在一瞬间萌生好奇与喜爱，也会在一瞬间转移了他们的关注目光。作为父母就要懂得适时把握住那萌芽的一刻，给孩子一个适当的辅助，使孩子的兴趣得到茁壮的成长。

注意家庭氛围对孩子的影响

一般来说，要想使孩子学习成绩好、热爱学习，家庭氛围是很重要的因素，家庭氛围包括两方面：一是家庭心理环境，另一个是家庭物质环境。另外，父母的言传身教的能力和与孩子之间和睦关系的程度，也直接影响着家庭心理环境是否良好。很多情况下，父母只有理智地把握一些矛盾，克制自己的不良情绪，才能冷静温和地处理与孩子之间的问题，这样做有利于保持良好的家庭心理氛围，有利于孩子形成良好稳定的心理素质。犹太父母从孩子生下来就非常注重家庭心理教育环境。犹太父母经常与孩子沟通，了解他们的心理和思想状况，及时有效地疏导孩子的心理障碍。

很久以前，一个小男孩出生在英国一个犹太家庭中，他的父亲是个穷鞋匠，母亲是个洗衣的妇人，祖母年迈，心有余而力不足，有时还要靠外出乞讨来补贴家用。所以，当时有很多人都不喜欢这家人，甚至厌恶他们这些穷人，邻居都不大愿意让自己家的孩子跟小男孩一起玩耍，以至小男孩从小就没有什么朋友。而小男孩的父亲一点都不着急，从没有流露出伤心的情绪，在孩子面前他仍然十分轻松和蔼地对他说：“孩子，没人和你玩，爸爸来陪你玩！”他们的家很简陋，就那么小的一间屋子，破凳烂床就把这个小小的屋子塞得满满的，更没有多少活动空间。但就是这样一间小屋，父亲却把它布置得像一个小博物馆似的。墙上挂满了图画和做装饰用的瓷器，书架上放满了书籍和歌谱，橱窗拒上摆了一些玩具，在门的玻璃上，也画了一些风景画。父亲常给他讲故事，还会找时间给他念一段英国莎士比亚的戏剧，或者其他国家戏剧作家的剧本。父亲的努力，让男孩过着快乐的童年生活！

上述故事中的父亲，让人感动，他所作的努力使孩子有了一个良好的成长环境，即使没有别的孩子和他玩耍，孩子依旧拥有了美好快乐的童年生活。犹太父母就是这样努力地培养孩子，从小就注重培养孩子的思想道德素养。

每个犹太父母也都很善于规范他们自己的言行，做到言传身教。比如：哪些话可以给孩子说，哪些话不能说，哪些事情能去做，哪些事情不能去做，都有明确的指示。通过言传身教，把社会的准则和做人的道理，都一一传教给了孩子。所以，要想创造良好家庭环境，首先要有个爱的气氛，这就要求做父母的要相亲相爱，还要求父母与孩子关系融洽。在日常生活当中，父母不要当着孩子面吵架，家庭成员之间的关系不能紧张，要相互体贴和信任，注意不要给孩子精神上带来苦闷。

重复是最有效的学习方式

犹太妈妈认为，让孩子重复练习具有不可低估的效果，可以使孩子迅速地吸收知识，也是很多教育学家认为十分有效的一种教育方式。孩子对被重复的“材料”具有非凡的“记忆能力”，这一点是父母所希望的。父母们所要知道的是，任何事物对两三岁的孩子而言都是没有难易之分的。“这个太难啦，还没有必要让孩子去记忆”，这完全是父母的错觉。其实对幼儿而言，根本不存在一件因为难而记不住的事情。“重复练习”的行为能够满足儿童特定时期的需求，也更容易让他们获得独立感和成就感。另外，驾轻就熟的工作内容也更容易让儿童产生心理上的安全感，这点在儿童心理发展过程中也十分重要。

有个孩子练习钢琴，邻居家的孩子在一边倾听。后来邻居家的孩子长大后，也学了钢琴，可当他学琴的时候很快就超过了其他的孩子。这是为什么？

是因为对于邻居家的孩子而言，长时间反复听钢琴弹奏为他日后学习钢琴提供了一个良好的耳濡目染的环境。

一个小女孩，她3岁时，每天安静地坐在屋子的角落里玩耍，然而，她的全部精力都只是集中在一个看似单调的活动中，将一些彩色的玻璃球一颗颗地塞到玻璃瓶中。每当一个玻璃球落下去的时候，就会发出清脆悦耳的撞击声，在这个过程中，她只是面无表情地重复着这一个动作，将玻璃球一颗颗地放进瓶子。母亲喊了她3次，她都充耳不闻。当瓶子装满之后，她再把玻璃球倒出来，然后继续重复这样的动作，直到母亲进来收起她的瓶子，她才被迫停止游戏。“妮妮，把瓶子收起来吧，看看妈妈给你买的花裙子。”小女孩被母亲抱了起来，不情愿地看了一眼窗台上的玻璃球。但是她很快就恢复了活力，精神饱满的样子。其实，母亲只想转移她的注意力，小女孩每天都要重复这个游戏，少则十几次，多则几十次，这种情况让母亲有些担心，而女儿却似乎对此有用不完的专注和热情。晚上，小女孩早早地躺在床上，等着母亲给她讲“床头故事”。母亲准备给妮妮讲一个新故事，但是她非要听《金色的屋子》。母亲有些吃惊，这个故事女儿已经听了十多遍了，虽然她还不认识几个字，但是已经熟悉到可以背诵了，“红的墙、绿的窗，金色的屋顶亮堂堂”。妮妮的母亲想：重复一件事情多么枯燥啊，女儿是不是患上了“孤独症”？

孩子在玩耍一样东西时总是在重复地进行；在读一本书时总是重复看；在操作一样教具时总是重复几十次，这在成人的眼中可能显得微不足道，甚至成人认为这是由于孩子的幼稚而导致的，但是这样的重复能使孩子感受到独立和力量，并使孩子达到了极度的满足。让孩子重复听故事，不但令孩子获得了有关的知识，学习了一些词句，还懂得了相关的道理，更重要的一点是为孩子提供了创造性言语表达的素材，开发了孩子的语言潜能。让孩子为之着迷的“基本工作”还有很多，比如把瓶盖拧下来再盖上；把玩具反复地拆开、打开房门再关上等。类似的重复行为都是孩子的基本行为，不具备任何目的性，它们对孩子来说都具有一种天然的吸引力，也是孩子进行的不够成熟的努力。

实际上，如果孩子能达到重复一种活动的时候，孩子已经能够相当程度地把自己的注意力控制到一点上，孩子注意力就是很集中了。

父母与老师联合培养孩子

犹太父母认为教导孩子要积极配合老师、学校和社会。对孩子的发展情况，父母和老师双方要经常进行交流，这点非常重要。每天，孩子来到学校，带来的是在家庭和社会得到的各式各样的信息。今天孩子非常痛苦，那可能是因为父母吵架了，但是他不知道怎么调节心情，也不愿意说出来；每天孩子回到家中，他带回的是全天在学校得到的各种感受。很多时候，父母和老师只有等到孩子出现问题了，才知道去沟通，所以及时跟老师配合很重要，把教育抓在点子上，劲使在刀刃上。

有个男孩，现在是音乐学院钢琴系的教授，在他四岁的时候，父亲就开始陪他学习钢琴了，当时他每天去学琴，父亲就每天陪着他，带他踏上了学琴之路。老师上课的时候，父亲就和儿子一起去听课，因为孩子还认识不了几个字，所以父亲就帮着孩子记录老师讲的重点，连一个标点符号几乎都不漏掉。上完课后，父亲就在回家的路上一遍又一遍地叮嘱孩子，练琴时应该注意什么问题和不足。回到家，孩子练琴的时候父亲又待在一旁听着，还一边拿着记录的笔记校对着，检查看孩子有没有改正过来，碰到错的时候父亲就会指出来，给儿子说要改正，哪里弹错了，弹的不对的地方老师是怎么弹的，孩子还有什么问题不明白或者需要纠正等。就这样日复一日，年复一年，父亲一天天变老了，儿子也一天天长大了，但是父亲还是像年轻的时候那样望着孩子，就像望着幼小的孩子那样陪着他练琴，一天天看着他成长，看着他登上舞台，看着他赢得奖杯获得荣誉！

看到这里很多父母可能就感到自愧不如了，家长们也不要找什么理由，说什么不是学音乐的，不懂音符，不懂音乐知识，也不知道怎么陪孩子练习这样的借口了。上例的父亲也是一个不懂音乐的家长，他没有选择请一个陪练，去陪孩子练琴，而是选择了自己陪，亲力亲为，和孩子一起学，一起努力，他的孩子最后能有这样的成就除了老师的悉心教导外，还归功于父亲的鼓励与陪伴。此外，孩子是需要夸奖的，当孩子有进步时父母不要吝啬一句夸奖的话，孩子有父母的鼓励会越学越起劲。

父母是孩子的第一任老师，在孩子大些后去了学校，一样要和老师进行交流，在和老师交流前，最好预先征求下老师的意见。因为，父母不太熟悉老师的工作规律，当发现有时候老师不接手机，有时候好容易打通了电话，听到的是老师急匆匆地说："对不起！我马上要上课了"，于是产生了误会：以为老师太忙，整天都在上课，甚至以为老师根本不愿意和家长交谈。其实正好相反，老师为了培养学生，十分需要家长的合作。只不过有的学校规定了教师不能在教室用手机，使家长产生了误会。老师也不是整天在上课，上课之外，有学习、备课、批改作业、做学生工作的时间。现在大家工作节奏都很快，所以不到十分必要的时候，不一定面谈，至于什么时候和老师在电话中交流，最好预先征求老师意见，老师会告诉你他何时方便交谈，然后双方协商确定一个时间。这样能够谈得比较从容，取得更高的实效。

对孩子进行早期智力开发

犹太妈妈在教育孩子的时候，认为对孩子进行知识的灌输最为重要，而智慧是由知识的深化而来的。可以说，一个人从婴孩开始，就是一个知识增长的过程，渐渐地就能知道大人们的意思，也能表达出自己的想法。因此，犹太人也极其注重孩子早期智力的开发，尤其是在孩子适应语言环境和社会生活发展这两方面。

著名科学家西尔多冯·卡门不仅是世界航天航空领域杰出的引领人，还是我国著名科学家钱学森的导师。他的成才过程，凝聚着父亲的爱。卡门父亲对他进行早期智力开发，时时对孩子进行正确引导，像优秀的艄公，很好地引领了西尔多冯这只小船，使它顺利地驶向成功的彼岸！

卡门出生于犹太人家庭，父亲是一位著名的教育家和哲学家，十分重视和懂得孩子的早期智力开发。卡门在6岁的时候，就能用心算进行多位数乘法。有一次，他大哥无意中给他出了一道算术题：15×15是多少？他边玩边说是225；二哥又随口问924×826是多少？“763 2240。”连头也没抬他就答了出来。哥哥们非常惊讶，就把这个消息告诉了他的父亲。但他们的父亲还以为是孩子们串通好了来骗他，并不相信，他就亲自出了一道题让小卡门算。这道题是求4567×19765是多少，卡门稍加思索，随即说出了答案。“真是太不可思议了！”这时候连他们的父亲也惊讶不已，他大哥见此情景，一下子把卡门抱起来，高兴地说：“卡门是神童，爸爸。”卡门在后来的回忆中说：“当时我还以为父亲会很高兴，几年以后我才知道，我想错了，他对我的运算能力感到担忧，用心算乘出那么长的数字，认为我是反常的。他怕我将来变成一个畸形发展的人，因此，他不喜欢超常儿童。在他的引导下，我从此便和数学科目断绝往来，一直到十几岁才又重新开始学习数学。”虽然卡门很聪明，但是，他的父亲反复告诫他说：“真正的思考比耍小聪明要高超得多，你必须不断地学习、不断地充实自己的头脑！如果只是运用而不充实，最多也不过是半瓶醋，到头来必将一事无成。”后来，西尔多冯·卡门认为父亲对他的这些教导都是金玉良言。他还说：“要不是早年父亲及时教导我懂得坚韧而深刻的思考的价值，我也可能会滑到小聪明的路上去，也不会有今天的成功。”

犹太人说：一般情况下，小孩子从 2 岁开始，父母就要对孩子进行早期智力开发了，主要是培养孩子的身体运动能力和语言表达能力以及对周围环境的认识和了解能力。3 ～ 4 岁的孩子要进入系统性的知识训练。事实上，世界著名的科学家以及所谓的“神童”，大多数都是早期智力开发的结果，他们的成功在很大程度上都是取决于父母对他们进行的早期培养和教育。

身教重于言教

犹太妈妈经常说，要想使自己的孩子成为怎样的人，父母自己首先应该是那样的人。诚实的家长就能培养出诚实的孩子；父母爱说脏话，很难培养出文明的孩子；自私自利的父母也培养不出有爱心的孩子！培养孩子爱心的最佳时期是在孩子的童年时期，犹太人父母认为这一时期是孩子人格形成的重要时期。孩子学习的最佳对象是父母，因为父母的言行能在最大限度上影响孩子今后的人生态度。最佳方式是言传身教，爱心是宝贵的思想品质，通过日常生活中的一点一滴积累，在潜移默化中慢慢建立起孩子的爱心天堂。

珊莉在母亲眼里一直都是个听话的孩子，小脾气偶尔也会发发，但只要他听过妈妈讲过的一些道理，就会很快明白自己的对错。但近来，妈妈发现孩子对大人说话很没有礼貌，经常大声地呵斥“不跟你玩了”。妈妈一见珊莉这样，就会告诉他没礼貌。一天，见到爸爸也是用这样的口吻说话，妈妈才明白，原来这段时间他爷爷奶奶因为装修房子又累又烦，情绪不是很好，有时就会大声责骂孩子，无意中珊莉也学会了呵斥。这一发现令妈妈很不安，决定从根本上改变珊莉的坏脾气。妈妈认真地和家人谈了话，说做到不随便责怪人，多些理解与宽容，尤其对孩子要有耐心，多与孩子交流。有时珊莉不听话，爸爸忍不住地想发火时，妈妈就充当灭火器。父母利用空闲时间来陪珊莉，现在的珊莉过得很快乐，见了同院的老人都会大声地叫“爷爷、奶奶”，有礼貌多了，家里的笑声也多了。

在犹太人看来，孩子本是一张白纸，他的习惯是通过父母、环境或其他外来因素形成的。父母是孩子的第一任老师，父母的言传身教对孩子有重要的影响，见到孩子的坏习惯，不要一味地责备孩子，而应该首先从父母身上找原因。

很久很久以前有一户人家，三代同堂，爷爷奶奶、爸爸妈妈和一个儿子。爷爷、奶奶八十多岁了，老了走不动了，爸爸妈妈很不喜欢他们，觉得是个累赘包袱。两个人商量好了，决定将爷爷奶奶送进大山里去。一天晚上，他们把爷爷奶奶装进一个大袋子里，两人把他们抬到大山里。他们正打算把爷爷奶奶丢下不管时，小儿子在旁边看着并且说话了：“爸爸妈妈，你们把爷爷奶奶丢在这个大山里，这个大袋子就不要丢了。”爸爸妈妈一时间不明白，感到很奇怪，问儿子：“为什么要把大袋子带回家？”儿子回答：“等到你们和爷爷奶奶一样老的时候，我好用这个大袋子抬你们进山，也把你们丢进大山里。”爸爸妈妈听了，心里特别不是滋味，慌了，赶紧把爷爷奶奶抬回了家，小心地侍候，之后再也不敢不孝敬爷爷奶奶了。

孩子有很强的模仿力。在生活中孩子如何，就代表父母如何，孩子就是父母的“镜子”。托尔斯泰说过：“全部的教育，或者说百分之九十九的教育都归结到榜样上，归结到父母自身生活的端正和完美上。”孩子是父母的影子。优秀的家长要接纳、鼓励、爱护你的孩子，对孩子要有耐心。

父母的表率作用是毋庸置疑的，孩子们初入世界本是白纸一张，对社会的态度以及为人处事的原则很多都是从家庭的氛围中慢慢培养出来。有很多父母本身就是很有爱心的人，在这个家庭里长大的小孩，耳濡目染父母的一言一行，长大了必定是个充满爱心的人。想要通过自己的言行培养孩子的爱心，机会其实有很多。譬如，下雨天碰上没带伞的路人，可以替别人遮一程；路不好走，碰上腿脚不方便的人或者年老体弱的人可以搀扶一把；碰上乞讨的老人，可以给别人一点吃的或者一点钱。虽然这些都是小事，但是父母做了，孩子也会效仿，无形之中就培养了他的爱心。

让孩子拥有自由的空间

要给孩子自由的空间，孩子才能自由地发展和呼吸，一位犹太法学博士有这样一句话值得思考：“不要把孩子限制在你规定的范围内，因为他诞生于另一个时代。”望子成龙是每一个做家长的正常心态，这也是无可厚非的事情。家长在对孩子进行严格教育的同时，还要了解孩子的特点，不要盲目地严格要求，那只会造成教育的失败！家长的见解高低在把握分寸的时候也能够起着关键的作用。所以不要约束孩子。对于那些年幼的孩子来说，对他们最重要的是教育而不是天赋。一位犹太人曾经这样描述一位母亲是如何抚育孩子的：

一个温暖的夏日，上天将一份珍贵的礼物——一个婴儿送到她的手上。那礼物看起来如此柔弱，让她战栗不已，让她激动。这是上天不同寻常的馈赠，上天启谕她要细心呵护他，她说明白了，然后就高兴地把他带回家中，并决心遵守上天的承诺。一开始，她无比眷顾呵护他，使他远离任何险境，但她开始意识到，不能永远将他置于自己的羽翼之下，若要他茁壮成长，必须让他经受艰苦的环境。于是她谨慎地给他创造出更多的空间，使之自由地成长。静夜之时，母亲躺在床上，有时会觉得自信心不足，会问自己有没有能力背负这令人敬畏的抚育重任。这时神灵在她耳畔悄悄低语，向她保证上天知道她做得很好，于是她就安然入眠了。时光飞快的流逝，母亲渐渐地相安于她的责任。那件礼物使她的生命如此的丰盈，以至于在此之前的生命历程不堪回首，如果没有了如此的馈赠，生命的后半段将难以为继，难以想象，她差一点就把与上天的约定置之脑后。一天，母亲意识到孩子发生了变化，不再柔弱，变得强壮坚定、生气勃勃，她看着他越来越有力量。于是母亲想起了她的约定。她从心底里知道她与孩子在一起的时间已不多了，她很清楚那一天会不可避免地到来。因为他要长大成人，要在天地间闯荡一番。母亲内心惆怅，因为他不能与她的生命相与长存。她深深地感谢上苍的恩典，让她多年与如此心爱的宝贝朝夕相伴。她挺起双肩，自豪地站起来，心想这真是一件非常特殊的礼物，他是她的爱子，会给这尘世、这众生增添美好与真义。于是母亲放飞了她的孩子，让他自由地飞翔。

这位母亲拥有爱孩子的自然开放的心态，她始终都是以给孩子自由的心态，来使孩子健康成长的。因此，从孩子自身的发展来说，学龄前的孩子不适宜上各种各样的特长教育班，这不大符合学龄前儿童身心发展的需要。但是目前的问题是，有很多家长把自己没有实现的理想强加给自己的孩子，他们并不是针对孩子的特点，也不征求孩子的意愿，就给孩子报上了各种各样的兴趣班。这样一来，家长就剥夺了孩子们玩耍的时间，而且还淹没了孩子的个性。对于学龄前儿童来说，培养其技能是教育环节的一个重要方面，但是这并不是最重要的，最重要的应该是对孩子非智力性方面的发展和培养，即情商。一些幼儿园办的兴趣班，无形中就给孩子的心理造成了很大的压力，也给父母带来了经济负担，能接受这种课程的孩子有种骄傲感，接受不了的孩子就可能会产生自卑的心理，这种心理对孩子的发展很不利。

让孩子的特长得到发展

犹太父母擅长培养孩子的兴趣爱好，发现和发挥他们的特长。特长是幼儿阶段最佳的意志标志。但是，如果想使孩子的特长和好奇心更长久地维持下去，对父母来讲是一件很不容易的事。如果将某个特长强加在孩子身上，那么，孩子不但不会接受，还会产生逆反心理。孩子有旺盛的好奇心，那是特长的表现，这种特长通常都能获得心智的成长，还能获得各种深刻的体验！

大家都知道，毕加索是犹太后裔，是世界最有影响力的现代派画家之一，他一生作画风格和画技不断迭变。在早期的时候，他的作品力求表现现代派的主题；后来侧重于表现原始艺术、简化的形象。1915年至1920年，他的画风一度转入各种写实。1930年他的画风又明显倾向于超现实主义。他的很多作品对现代西方艺术流派有着很大的冲击和影响，被人们称为“人类艺术史上罕见的天才”。毕加索小的时候，艺术天赋就很非凡，他做过很多惟妙惟肖的剪纸，还创作过很多惊人的绘画作品，邻居们大都称赞不已，称毕加索为天才。然而，这个“天才”的学习成绩却一塌糊涂，上课对于他来说，简直就是折磨。他在听课时，不是看着窗外，就是漫无边际地幻想。而且，他似乎永远都不会感到枯燥无味，他无奈地对父亲说：“一加一等于二,二加一等于几，我就不知道了，我也非常努力，可就是算不出来。”因此，他成了同学捉弄的对象，他们趴在毕加索的课桌前，捉弄他：“毕加索，二加一等于几？”然后毕加索傻呼呼地不说，这下同学们哈哈大笑。就连他的老师也认为毕加索智力低下，根本救不了了。老师还在毕加索父母面前，描绘毕加索“痴呆”症状的样子，母亲听了又恼又羞，觉得没脸见人。左邻右舍也不再称赞他的绘画天赋，议论说：“瞧那呆头呆脑的毕加索，只会画画有什么用。”那时，几乎所有的人觉得他没有前途，只是一个傻瓜。面对嘲笑和议论，他的父亲却不那么认为，他坚信儿子虽然读书不行，但是绘画是极有天赋的。父亲有着对他的赏识和理解。他对儿子说：“算术不好并不代表你一无是处，你是个绘画天才。”小毕加索从父亲那里找到了一些自信，也渐渐忘记了那些同学的捉弄和自己功课方面的“无能”。但是，人们并未停止对他的嘲讽和讥笑，反而愈加猛烈！对此，在小毕加索脆弱的心灵蒙上了阴影，他变得不爱说话，更不和小伙伴们一起玩耍。这个时候，父亲每天坚持送儿子去上学，一到教室，父亲就把准备好的画笔和用作模特的死鸽子放在他桌子上。那段日子里，父亲成了他的心理依靠，离开了父亲，毕加索根本就没有勇气面对生活，以至每天上学，要父亲答应他放学后会来接他回家，他才愿意松开父亲那温暖的手。

作为父母，即便是自己的孩子在某一方面的能力不如别人，也不要放弃孩子，要善于发现和发挥他们的特长，赏识他们，把他们的潜能充分发挥出来。即使有恨铁不成钢的心态，也不能对孩子恶言恶语、冷嘲热讽。这样做，只会给孩子的心灵造成难以愈合的创伤。全世界都可以嘲笑讥讽他，都可以遗弃他，而父母不能，只有父母能给孩子勇气和信心，让他敢于正视自己的弱点，发挥自己的优点，积极健康地对待自己，对待人生。毕加索之所以会从一个被人们称为“傻瓜”的孩子，变成一个非常有名的画家，正是因为他的父亲在关键时刻拯救了他，使他健康地成长、发展！

解除孩子身上那些束缚的标准

犹太妈妈说：给予孩子更多的自由，不要让孩子在自己的强迫下做他不喜欢做的事情，让孩子们可以有自己的想法和价值观，去进行自己感兴趣的事情。当孩子喜欢上一件很有趣、且健康的事情时，家长不能强行将其拉开，然后命令他去做父母所喜欢的事情。这样的话，孩子也就被束缚了，孩子是需要自由的。要知道，善于“控制”孩子的父母，其实是将孩子的自由剥夺了。

在家长的强逼之下，孩子即使将手中的单簧管拿起来，也不代表孩子喜欢演奏乐器。他们的这种练习，往往就是在完成一种任务，只是不愿意看到父母失望的样子。

一个16岁的女孩，名字叫玛丽，她读的是女校，她成绩优秀、能力强、口才好，而且很漂亮，巴松管吹得也很不错。她吹得好并不是因为喜欢它的音色，而是因为她觉得能够驾驭这种极难学会的双簧片的乐器很了不起，并且这种乐器能给她带来进入常春藤名校的优势。玛丽很少去参加生日派对，因为很多时候，她都在忙所谓的正事。玛丽经常早起或者深夜来写英语作文，甚至有时候她打出的页数，远远超出了老师的要求。去年，她还是一个无忧无虑的孩子，但是，现在她总是觉得胃部隐隐作痛，并且整个人都瘦了一圈，上课的时候，总是会用手指卷头发，并将衣服也戳出了几个小洞。

然而，玛丽的父母还对玛丽有着过高的期望，使玛丽感到压力很大，有些男孩精神上的压抑是来自低年级时，而女生所面临的压力则又是另一种挑战，玛丽要实现在青春期难以实现的梦想。对于女孩们都很信奉的事情，例如：身材最好如模特一般瘦削，要擅长艺术和英语，同时成为一个富有同情心的女孩子。为了让自己的价值得到更大展现，她还必须在男孩子擅长的领域里表现得很出色，例如：组成篮球校队，获得科学类的奖项，甚至做学生会的干部。玛丽总是很期望自己的未来：“我知道，我过高地期望了自己，甚至有时我会觉得，若是我这一生没有去参加一次高端会议，没有将目前出现的饥荒问题解决，我这一生就很失败。”

我们会看到，将孩子教育得出色的父母，常常会告诉孩子，若想要得到社会和他人的认可，自己首先就必须表现得很完美。这样做，孩子往往就会产生一种被强迫的感觉，所以，孩子出于保护自己，就会去参加父母特意给他们安排的种种活动，其实孩子的真实意愿并不是如此。父母如果给孩子的压力过多，不但对孩子的心理上会造成影响，而且对孩子的成长发育也没有好处，会给孩子的发育成长带来不良影响。一个孩子若是拥有充足的自主权，那么他就可以更容易、更积极地主动去参加各项他所喜欢的活动，这样产生的热情往往比较“和谐”。但是，这也并不代表家长可以随意放任自己的孩子，让孩子到处乱跑。

第03辑

欣赏孩子，犹太妈妈最常用的激励法则

在孩子的成长过程中，总会有各种各样的不足，会犯各种各样的错误。但是犹太妈妈有欣赏孩子的智慧，在她们看来，只有这样才能给孩子无形的动力，使孩子能够在积极的暗示中自信快乐地成长。

不用挑剔的眼光看孩子

让孩子的优点得到肯定，就等于告诉孩子这些优点很有意义，值得发扬保持。而不是对孩子有过多苛刻的要求，事事要求孩子做得完美。

有些父母习惯于用挑剔的眼光来看孩子，对孩子要求很苛刻。现在很多父母都很迫切地希望自己的孩子能如愿成才，但过度挑剔和苛刻只会适得其反，有的父母甚至根本忍受不了孩子暂时的成绩不优秀和小失误，通常对孩子表现出很不满，把自己急躁的心态和不良情绪直接加在孩子身上，甚至打骂，这样做往往会使孩子更加有逆反心理，会更加叛逆。这样，孩子会变得更不讨父母喜欢。我们来看一个这样的故事：

一位母亲去参加家长会，老师说："你的儿子有多动症，在凳子上三分钟都坐不住，最好带他上医院看看。"在回家路上，儿子就问妈妈，老师说了什么，她鼻子一酸，差点掉下泪来。因为，全班30位小朋友，老师唯有对自己的儿子，表现出不屑。然而，她还是告诉她的儿子："老师表扬你了，说宝宝原来在板凳上一分钟都坐不了，现在能坐三分钟了。其他孩子都非常羡慕你，因为全班只有宝宝进步了。"那天晚上，儿子破天荒吃了两碗米饭，并且没让她喂。到儿子上了小学，家长会上，老师说："全班50名同学，数学考试，你儿子排在第40名，我们怀疑他智力上有些障碍，你最好能带他去医院查查。"走出教室，她流下了泪。然而，当她回到家里，却对坐在桌前的儿子说："老师对你充满了信心。他说了，你并不是个笨孩子，只要能细心些，会超过你的同桌，这次你的同桌排在第21名。"说这话时，她发现，儿子黯淡的眼神一下子充满了光亮，沮丧的脸也一下子舒展开来。她甚至发现，从这以后，儿子温顺得让她吃惊，好像长大了许多。第二天上学时，去得比平时都要早。孩子上了初中，又一次家长会。她坐在儿子的座位上，等着老师点她儿子的名字，因为每次家长会，她儿子的名字总是在差生的行列中被点到。然而，这次却出乎她的预料，直到家长会结束，都没听到他儿子的名字。她有些不习惯，临别去问老师，老师告诉她："按你儿子现在的成绩，考重点高中有点危险。"听了这话，她惊喜地走出校门，此时，她发现儿子在等她。走在路上，她扶着儿子的肩膀，心里有一种说不出的喜悦，她告诉儿子："老师非常满意，说只要你肯努力，很有希望考上重点高中。"高中毕业了。第一批大学录取通知书下达时，学校打电话让她儿子到学校去一趟。她有一种预感，她儿子被第一批重点大学录取了，因为在报考时，她对儿子说过，相信他能考取重点大学。儿子从学校回来，把大学录取通知书交到她的手里，突然，就转身跑到自己的房间里大哭起来，儿子边哭边说："妈妈，我知道我不是个聪明的孩子，可是，这个世界上只有你能欣赏我……"听了这话，妈妈又一次哭了，再也按捺不住十几年来凝聚在心中的泪水……

犹太人认为：世界上每个孩子，都是为得到人们的赏识而来到人间。如果你通常总是用挑剔的眼光看孩子，总是看孩子的弱点，甚至有时候还小题大做，这样孩子就会自暴自弃，认为自己是坏孩子，便从此意志消沉。

犹太人认为：若能转换一个角度去思考，父母对事物的认识和想法就会大不相同了，当父母用接纳的眼光去看孩子的时候，会惊奇地发现他有很多非常不一般的优点。就像上述故事中，差孩子后来变成了优秀的孩子。再比如：有的孩子也许不爱说话，寡言少语，但是成绩优秀，而且心地善良；也许脾气不好，有点任性，但是做事情非常有主见；也许贪玩，但是头脑灵活，能说会道……只要你善于观察，就一定能看到他身上的优点和值得欣赏的地方。犹太人从在孩子小的时候，就会指出孩子的闪光点，告诉孩子不会有哪个孩子浑身缺点，一无是处，也不会有哪个孩子毫无缺点，全是优点。父母应该做的只是善于发现孩子的闪光点，并且给予孩子真诚的赞扬。

对男孩不要有不恰当的期待

犹太父母说，有些父母对男孩有种不恰当的期望，这反倒成了男孩道德败坏、厌恶功课，以及厌烦正常生活的理由。不恰当的期待不利于男孩子的成长。现在社会与以往社会不同，提倡男女平等，对男女要没有分别。目前很多的男孩和女孩都承担着相同的社会责任，作为父母，对他们的要求应当是一样的，不要因为是男孩就特别器重，是女孩就区别对待。男孩在学校的表现很优秀，但是很多男孩希望父母正常去看待他们。

乔的女儿丽莎五岁时，她的儿子那亚出生了，乔说："当那亚还是个婴儿时，他只要看见字母'O'，他嘴里就嘟囔着'球球'。走到街上时，他非要我走车多的一边，而不是有着可爱的住宅区并且有树木的那边，因为只有这样，他才能就近清楚地看到卡车。他对跟他一起玩的人，总是发出隆……隆的声音。那亚的可爱和聪明真让我感到惊讶啊。"

那亚渐渐长大些了，他做事情非常专注，并且一次只做一件事。因为他会乱跑，乔不能带着他出去办事，如果乔要他听她讲话，她就得用两只手端捧着他四岁的小脸庞。乔和她的先生西拉决定，绝不能叫那亚拥有玩具枪，或看教育片以外的电视节目。就算这样也制止不了这小东西对于所有东西"开枪"，他只要竖起了手指，或是拿着全麦饼干或烤面包片都能发出“枪响”声。等到那亚这个小家伙上幼儿园时，他还是会任意开枪、爱看卡车，做什么事还是会过度专注。那亚的老师总是对乔这么说：“我们似乎认为那亚有可能是患上了注意力缺失症，我们发现，在上课的时候，别的同学能安静地坐着并遵从教导，但是他很难。当然，那亚的年纪还很小，我们也并不敢肯定就是得了缺失症。不过，我还是建议你们去给他做个检查。”

犹太父母认为：应该尊重孩子的发展规律。过去孩子们在幼儿园里每天都是高高兴兴地唱歌，听故事，开心地玩橡皮泥，根本没有什么烦恼。幼儿园里，老师们的任务就是教会孩子融入集体生活，适应一个新的环境，帮助孩子们学习如何成为大团队中的一分子。然而，目前在很多幼儿园和学校里，低年级的孩子也要背负很大的课本压力，要学习很多课业知识。但是，这时候孩子们还小，根本没有自律能力来完成这些学业，更没有专注和技巧，那些需要父母以后慢慢帮助完成和开发。男孩一般多好动、多数很淘气。女孩较安静，在上课的时候，比男孩专注的时间几乎要长一倍，而且懂事也更早些，女孩有时候会告诉老师说：你的手镯真漂亮，我很喜欢你的手镯。可男孩总是在枯燥地认字读音，而且注意力还没法集中太久。

赞美和鼓励是进步的动力

在犹太人的生活中流传着这样一句话：“成功的赞美，可以给人带来无尽的快乐，可以让别人受到鼓舞，不只是这样，赞美者也能从中获得快乐和幸福。赞美，就好比春天般温暖的阳光，两个从未见过面的陌生人便能心灵靠近，彼此吸引；赞美，就好像林中清澈泊泊的甘泉，可以让朋友间的友谊长青。”在犹太民族中，每一个人都知道不时地赞美别人，是多么重要。他们都清楚地知道一句赞美的话能在人的心里起到什么样的作用，甚至能够影响或改变一个人一生的命运。赞美是进步的原动力。

一位犹太女打字员，打字的时候总是不注意或者漏掉标点符号，办公室主任很生气，也批评了她很多次，但还是没有起到什么作用。有一天，主任看到那位犹太女打字员穿了件新衣服，想出了一条妙计，就对她说：“今天你穿的衣服真漂亮，看起来人也更加漂亮、更加美丽大方了。”女打字员突然听到主任对自己这样赞美和夸奖，有些受宠若惊。主任接着说：“特别是这衣服前面的这排纽扣，点缀得真是恰到好处，就好比文章中的标点符号一样的重要。有它在，文章才能够更加漂亮、更加有表现力。”这件事以后，犹太女打字员就很少再犯标点符号出错的毛病。

间接地提醒别人的错误，是一种艺术。很多时候，我们要避免直接说出某人的错误，这样会引起某些不愉快，也达不到批评的目的，相反间接地稍加提醒，效果就会不一样。

俗话说：“伤人莫伤心，伤树莫伤根。”生活中，每个人都有自尊心，尤其孩子，自尊心更脆弱、敏感，所以，说话让孩子保住面子是非常重要的。不要当着很多人的面批评孩子，特别是不要在大庭广众之下对孩子横加指责。不要揭孩子的伤疤和短处，要就事论事，千万不要一有事就把孩子的短处都说出来，这样做会很伤人，也显示出说话人的气度不大。

犹太人罗西宿舍有位室友，名字叫亚西，他住在宿舍里从来不买肥皂、洗发水、牙膏之类的物品，总是连声招呼都不打就用罗西的。为此，罗西非常恼怒，他完全可以当面说出他的不满，但他并没有那么做。有一天，罗西趁宿舍只剩下他俩的时候，他友好地对亚西说：“亚西，我知道你挺忙，要去参加足球训练，学习任务也非常紧。我这个人没有什么特别的爱好，休息的时间很多，假如你不介意的话，我倒愿意给你跑跑腿，帮你把日常要用的生活用品替你买回来。”亚西一听，就明白了，惭愧之余，他就主动买来全套生活日用品。

一句赞美的话能在孩子的心里起到激励作用，甚至能够影响或改变孩子一生的命运。因为赞美是孩子进步的原动力。

希望得到同伴的夸奖和赞美，几乎是人的天性。除赞美外，批评也是人际处世的一种方式。人都会犯错误，批评的可贵之处就在于它像一面镜子，能够及时反映出人的缺点，能使人保持清醒的头脑，不断进步。与赞美相比较，批评就好比一把锋利的剑，这一剑劈下来有时候人难以接受，但有时候也能起到很好的效果。但是在犹太人的眼中，赞美永远要比批评更有说服力，更能起到意想不到的效果。

赏识不是简单的表扬

犹太父母认为，每个孩子都希望自己的言行得到肯定，特别是老师的肯定。老师在课堂上给孩子一个赞许的目光，一句鼓励的话语，都可以燃起孩子们求知的火花、探究的欲望，这就是“赏识教育”，一种符合素质的崭新教育理念。赏识教育是让学生在鼓励中提高成绩，在微笑中认识不足。可以说没有赏识，就没有教育，赏识就是热爱生命。反观我们有的老师，为了能够帮助学生建立起自信心，鼓励学生主动去思考，敢于发表出自己的见解，提高学习的积极性，对学生的评价全是“很好”、“你真棒”，但“好”在哪里，“棒”在何处，真的完美无缺吗？学生不得而知，这种千篇一律，甚至毫无原则的“赏识”究竟对学生的激励有多大呢？

有个父亲是个马术师，男孩必须跟着父亲走南闯北，东奔西跑。由于四处奔波，他求学并不顺利、成绩也不理想。有一天，老师要全班同学写作文，题目是“长大后的愿望”。那一晚，男孩洋洋洒洒写了7张纸，描述了他的宏伟志愿：长大后，拥有自己的农场，在农场中央建造一栋占地5 000平方英尺的大房子，饲养很多的牛羊和马匹。第二天他把作业交上去时，老师给他打了一个又红又大的F，还叫他下课后去他的办公室。“老师，为什么给我不及格？”男孩不解地问老师。“你的愿望不切实际，你敢肯定长大后买得起农场吗？你怎么能建造5 000平方英尺的住宅呢？如果你肯重新写出一个愿望，并且写得实际点，我会考虑给你重新打分。”老师回答说。男孩回家后反复思量，最后忍不住询问父亲。父亲见他犹豫不决，语重心长地说：“儿子，这是个非常重要的决定。我认为，拿个大红的F不要紧，但绝不能放弃自己的梦想。”儿子听后，牢牢把这句话记在心底。他没有重写那篇文章，也没有更改自己的愿望。20年后，这个男孩真的拥有了一大片农场，在这个农场的中央真的建造了一栋漂亮的豪宅。这个男孩不是别人，就是美国著名的马术师杰克·亚当斯。

当人们计划人生目标的时候，很多时候会被别人的意愿所左右，从而放弃自己的初衷，这绝对是不幸。人首先要具有为自己负责的勇气和胆识，然后才可能为他人负责。假如连自己都无法把握好自己，那么，他只是个被人摆布的角色。亚当斯会永远感激父亲，是父亲的智慧点拨造就了儿子的辉煌。

不要和别人的孩子作比较

许多父母都有一个习惯，喜欢拿自己的孩子与别人家的孩子作比较，总觉得自己的孩子没有人家的优秀，不知不觉地会用其他孩子的优点来比自己孩子的缺点，嫌自己的孩子不够优秀。“你看你的同学 ×× 多好，回回都考第一名。”“你瞧 ×× 多听话，从来不让爸爸妈妈操心。”等话语也常常出自父母们的嘴里，说得多了，孩子的内心就不免觉得自己不优秀，就会受到伤害，长期下去，孩子也认识不到自己的优点和长处，自信心也树立不了了，而且对父母表扬过的同学也非常憎恨，无形中，心灵也就被大人们给扭曲了。毋庸置疑，每个做父母的，都会很爱自己的孩子，拿自己的孩子与别人家的孩子相比，也是希望孩子向他人学习，能以好孩子为榜样，学习些优点，比别人更优秀，为父母争光。但是，这种做法起不到好的作用，反而会收到不好的效果，真爱孩子，就不要拿自己的孩子与别的孩子作比较。

稚阁和泰勒是表兄弟，他们两人经常在一起玩。学校放假了，稚阁就到姨妈家玩。这天，姨妈与稚阁谈论起了最近的考试成绩，稚阁很骄傲地告诉姨妈，他的各科成绩都是优秀，“你真优秀，是个好孩子。咦，我还没有看见泰勒的成绩单，泰勒！”就开始叫唤了。其实泰勒早已在楼梯那听到了他们的谈话，踌躇着不愿意出来。听到母亲的叫喊声，不情愿地走了过来。“泰勒，你的考试成绩单呢？这次考得怎么样？”“在我房间里呢。”泰勒不情愿地回答。看着他慢吞吞的样子，母亲就有些生气了：“是不是这次你的考试成绩又不好？去把成绩单拿过来，给我看看。”

成绩单拿来了，每科都没有上 90 分。

“泰勒，妈妈真为你感到羞愧，”忍不住就大声训斥了起来，“你的成绩为什么总是这么糟糕？稚阁考试成绩一直都很好，你为什么不能像他一样让妈妈高兴呢？你的学习环境哪一点比他差？你就是不爱动脑筋，太懒惰了，注意力不集中，不专心听讲。”

虽然已经不是第一次在稚阁面前受训了，泰勒也感觉到下不了台，只好含着眼泪回到了房间。从此，泰勒就觉得自己像一只丑小鸭，情绪总是很差。此时，他是多么地需要得到善良的鼓励，但他从小就感到稚阁带给他的压力，觉得自己比不过他。仅仅上完初中，泰勒便辍学在家了。

由此可见，父母经常拿自己的孩子与别人作比较，对孩子会造成严重的伤害。被父母经常作比较的孩子，会产生有很多的负面情绪，如没有安全感、不开心、嫉妒和愤怒等，即情绪困扰。在行为表现方面，被父母作比较的孩子觉得得不到父母注意，因为在他们看来，父母似乎更喜欢别的孩子。其实，要想消除这种现象，最好的办法是，父母不要把自己的孩子与别的孩子比较，而是关注自己孩子每一个微小的进步。毕竟，每个孩子都有自己的特点。世界上没有两个完全一样的孩子，各人有各人的天赋，各人有各人的性格，各人有各人的能力。如果父母只是一味地攀比，看不到自己孩子的长处，而只看到孩子的短处，对孩子的教育便很失败，使得自己的教育收不到应有的效果，正确的态度是要根据自己孩子的特点出发进行教育。

父母要尊重孩子的天性

犹太父母认为：在教育孩子时，要尊重孩子的天性，然后引导孩子。而现在有些父母总是把子女的行为解释成叛逆，其实那不过是忠于自己的天性而已。换言之，就是父母想把孩子当成自己的作品。父母期望孩子能像父母想象的那样，甚至比父母想象的更优秀、更聪明、更有志向。而要是孩子们朝不同的方向走得太远，父母便认定，孩子是想吸引别人注意或是反叛。父母要承认，孩子和父母之间存在着差异，而父母有时不太容易理解这一点。所以，父母能给孩子最慷慨的礼物就是研究孩子的气质，等到你有所了解时，想办法接纳孩子的气质。

每当开家长会，老师就描述起年复一年重现的家长会的情形，一位中学校长心情不平静地告诉一位母亲：很多孩子的家长都很神经质。如果孩子的成绩表现优异，家长会就会觉得很有面子，但如果孩子表现不出色，那么家长们就不由自主地慌张起来。老师们担心，如果不给标上“优秀”的成绩，家长们不会怪孩子们，认为不是孩子的问题，会怪自己不能以身作则，没有影响好孩子，也会怪罪老师说老师缺乏能力。

这种现象一直到孩子上四年级，也一直没被家长重视过。因为有些父母对孩子特殊的迷恋，持续到小学四年级，甚至更久。直到问题暴露，无法再隐藏时，儿童能力减弱的问题也随之出现了。

莎贝明年要上高二了，她说：“我的社交生活很糟糕，之前交过两个朋友，都是男孩，但男孩对我一直都没有兴趣，并且我的老师似乎也都偏袒其他的同学，为此，我感到很困惑，也感到很受伤。我也知道自己为什么这么痛苦和这么难受。因为我的父母从来给我的暗示是，我是优秀的、最有魅力、最漂亮、最聪明的。而且，在各方面的表现都很好。不过，我现在发现我很一般，并没有什么特别之处，也许在别人眼里还算不错。”莎贝父母认为孩子是优秀的，如果孩子有自己太普通了、不够优秀的想法，对孩子没有任何好处。莎贝一开始把她摆到看似很高的位置上，而现在她却卡在那儿了。莎贝自己都没法确定，自己要是有机会和别人去展开真正的竞争，自己会登上哪一层平台，会站在哪儿。

事实上，每个孩子身上都有闪光点，父母心里的“优异观”思想的产生，对孩子的发展没有好处，因此，要克服这种“优异观”的思想，在犹太人那里可以找到方法。

犹太人主张：养育孩子，并不期望孩子能成为救世主，而是希望他们能活出自我。他们觉得平凡和崇高是水乳交融的。觉得一年当中最美好最神圣的日子，是周日那天的安息日，不是人们认为严肃的赎罪日。每星期中那个看似平凡的日子，在他们眼里并不平凡，而是个极具特色的日子。犹太人认为，所谓圣地也并不是人们所想象的高大、富丽堂皇的大教堂，而是每年金秋的收获，在自家院子里搭建的简陋棚子，一家人可以在那里围着说笑；所谓的圣物就是拿两根不起眼的木质板所做成的一捆羊皮纸的《摩西五经》；圣餐则是白面馒头加上鸡蛋；而这个世界的未来是什么样子的，以后要以什么为依靠，不是靠什么英雄人物的出现和作为，而是靠传统的教育，靠孩子身上的活力。他们的民族气息是非常浓厚的，就好比上帝给予每个孩子特殊的赏赐。

尊重孩子的想法和兴趣

犹太父母也和其他民族的父母一样，很疼爱孩子，但在教育问题上，对下一代的要求非常严格。拉比认为，对孩子要求严格很重要。孩子小的时候缺乏经验，是非界限往往弄不清楚，并且对行为情感也不能独立思考和加以控制。家长如果对他们不严格要求，孩子就不能主动和自觉地学习，并且遵守道德标准。

有个叫琼尼的小男孩，他的妈妈是名普通的家庭主妇。他的爸爸是一个木匠，家里很不富裕，这对夫妇要送儿子上大学，所以他们便节衣缩食一点一点存钱。琼尼读高二时的一天，学校聘请了一位心理学家。这位心理学家把这个16岁的少年叫到他的办公室，对他说："琼尼，你各项体格检查和各学科的成绩，我仔细研究了一下，发现你一直非常努力但进步不大，各科成绩都落在其他同学的后面，发现你对高中的课程好像不太感兴趣，如果这样学下去，很浪费你宝贵的时间。"心理学家抚摸着琼尼的头说："人的才能分为很多种，工程师不识音谱，画家背不全乘法表，这都是可能的，但每个人肯定都有一项自己擅长的，你也不例外。总有一天，你会发现你的特长并发挥自己特长的，到那时你的父母定会为你骄傲。"琼尼回家后，把这件事情告诉了爸爸妈妈。他的爸爸说："孩子，每个人都有优点和缺点，关键是要学会避免自己的缺点，发挥自己的优点。我相信你能找到自己的特长，将来定能取得成功。"这以后，琼尼不再上学，开始去城里找工作。但是对于这么一个高中没毕业的孩子，在当时要找到个工作很难，无奈之下，琼尼替人修建花园和修剪花坪。他每天很勤勉，也很忙碌。

不久，雇主注意到他的手法很特别，并称他为"绿拇指"，因为凡是经他修剪的花草都很繁茂美丽。一天，他恰巧来到当地市政厅后面，市政参议员正好在前不远处，琼尼看到眼前这片场地，满是垃圾、污泥和浊水，走过去便向参议员不假思考地问道："先生，你可否答应我把这片场地，变成一个美丽的花园？""可是市政厅没有这笔钱。"参议员说。"我不要钱，"琼尼说，"只要允许我做就行。"参议员很是惊讶，于是他把这孩子带进了办公室，并给了他一份授权书。琼尼满面春风，走出了市政厅大门，因为他有权清理这块被长期搁置的垃圾场地了。从那天下午开始，琼尼就拿着工具，带上种子和肥料来到目的地。不久，这块泥泞的垃圾地就变成了一个美丽的公园：绿茸茸的草坪，弯曲的小径。琼尼在忙碌时也没忘记给小鸟们安家，所以后来人们在长凳上闲坐时还能听到鸟儿唱歌。全城人都在议论，说有个人做了件很了不起的事。琼尼通过这片草地让人们认识了他的才能，成了人们公认的园艺家。当然，后来琼尼成了一名著名风景园艺家。

犹太父母教育孩子时，非常注重培养孩子的兴趣和特长，特别注重因材施教，使他们养成良好的思想和行为习惯。

鼓励孩子胜过惩罚孩子

鼓励的效果胜过惩罚，父母惩罚孩子的目的，是要让孩子认识到，不好的结果源于某种不好的行为，惩罚必须要合理。有的孩子过度自卑，对自己不肯定，是因为有的父母不但不能给孩子鼓励反而给孩子很多挖苦，孩子是很渴望被父母和身边的同学关注，孩子为了满足家长的需要很多时候甚至失去了自我。犹太人认为：小孩子的不理智主要原因在于父母错误的教育方式。如何能够让孩子正确地认识自我，能够自己给予自己肯定，这期间父母不但要多加帮助孩子，且要适时地对孩子进行表扬或者肯定，父母若能给孩子指出正确的行为方向，那么孩子就能朝着正确的方向去表现。这样孩子越是表现，就越是优秀，然后，家长再鼓励。

一位老师看到了一名男生拿起了砖头要去砸同学，立即上前去制止，并责令男生到他的办公室。等老师来到了办公室，那名男生已经到了。老师掏出了一块糖递给男生：“这是奖励你的，因为你比我早到了。”接着又掏出一块糖递给男生：“这也是奖励你的，因为我不让你打同学，你马上就住手了，说明你很尊重我。”男生将信将疑地接过来。老师接着又说：“据我了解，你要打的同学在这之前欺负了女生，说明你很有正义感。”随即掏出第三块糖奖励他。这时男生哭了：“老师，我错了，同学再不对，我也不能拿砖头砸他啊。”老师又拿出第四块糖说：“你已经知错，再奖励你一次。我的糖送完了，我们的谈话也该结束了。”有人说好孩子是夸出来的，此言不虚！

人的进步，自我努力固然是第一要素，但外界因素也不可小觑，套用一位伟人的话说，“鼓励使人进步，打击使人落后。”无论是在东方还是在西方，人们都把由衷的夸奖和鼓励看作是人类心灵的甘泉。心理学研究证明，获得别人的肯定和夸奖是人类共同的心理需要。一个人的心理需要一旦得到满足，便会成为鼓励他积极上进的原动力。事实上也是这样，一个人只要获得信心，心里一高兴、干劲一来，就可以发挥出超乎平常的能力。反过来说，孩子也是一样，一个孩子的努力和成绩得不到父母和老师应有的肯定，也就是说，当“报酬”不存在时，就激不起努力的兴趣，也就不可能爆发出超凡的能力。战争年代，许多战士在艰苦的条件下之所以能战胜无数艰难险阻，创造出一个又一个奇迹，靠的就是上级对下级完成任务的信心和鼓励！对孩子进行简单而行之有效的惩罚，要比苛刻的惩罚更能立竿见影。比如，不要因为孩子不肯吃对身体有好处的东西而对他有所限制，拿走他的食物就可以了！

用发展的眼光看待孩子的缺点

犹太人认为：孩子是在发展中长大的，凡事发生后要多往好处想。我们有一些父母往往觉得自己的孩子不够聪明，而对孩子感到失望，有的父母甚至把这种情绪“传染”给了孩子，这样的做法会让孩子对自己也变得没有信心，让孩子的情绪更加消极，久而久之，就会思维僵化、反应迟钝。事实上，人类实在无所谓天才。一个天才儿童的智力水平与平常儿童的智力水平，在多数情况下差不太多。爱迪生曾说，天才是努力加上尝试。我们家长常常有一种先入为主的观念，认为孩子到了某个年龄段，才能做这类事情。但是，往往孩子在那个时刻已经是可以做得很好，很多父母却人为地推迟了他学会本领的时间。而且最关键的是父母的这种做法会使孩子失去信心，怀疑自己的能力，减弱他们的进取心，这种作用将会对孩子的一生都产生消极的影响。

一位秘书长在美伊战争即将爆发的前夜，去伊拉克进行谈判，并在很短的时间内缓解了冲突。当时人们就问他：为什么全世界的人都看到了战争即将来临，乌云密布，而你却看到了和平的曙光？他说：是上中学的时候，一位老师的一堂课使他的思维方式改变了。当时老师拿出了一张白纸，纸的中间有个黑点。就问：“你们都看见了什么？”全班同学都齐声喊道：“是个黑点！”老师说：“一张这么大的白纸你们都没有看见吗？黑暗真有吸引力。”教室里顿时鸦雀无声。然后，老师又拿出了一张黑纸，中间有个白点。老师问：“同学们这回又看见了什么？”同学们异口同声：“一个白点！”老师欣慰地说：“太好了，无限美好的未来在等着你们。”

现在，我们许多父母看孩子不顺眼，就是“白见黑”，注意力都集中在孩子的短处和不足上，让孩子在“我是坏孩子”的感觉中沉沦；如果父母能把注意力集中在孩子的优点和长处上，就是“黑见白”，孩子就会在“我是好孩子”的感觉中提高！随着孩子渐渐长大，优点一天比一天多，在教育孩子的过程当中，一定要明白孩子是发展中的孩子，凡事多往好处想想，养成阳光积极向上的思维习惯！孩子在试着做事情时，难免要犯错误，这时做家长的要有意识地避免用任何言语或行为向孩子表明他是个失败者。不能在孩子脑中留下他是“笨蛋”的印象。在父母的印象里必须清楚地知道，孩子做一件事情失败了只是说明孩子缺乏技巧，这种技巧有时是因为父母没有很认真地传授，而丝毫不该影响孩子本身的价值。我们应该培养孩子敢于失败的心态，同时并不降低孩子自己的信心。

告诉孩子：“你太有才了！”

有的孩子看起来不聪明，这些孩子不是真的不聪明，而是孩子在自我认识上有着一定的偏差；或者说是孩子的自卑造成的表现不好。其实，这些孩子的智商是很好的，是一些其他的因素压制了孩子的智力表现。因此，犹太父母在教育“伪笨”的孩子时，用赏识的教育方式，能激发出孩子的巨大潜能，使孩子在学习生活中，表现出聪明活泼来。

在犹太人看来，对于一个成绩不好的孩子来说，在他的潜意识中，他会认为成绩好的同学是聪明的，换言之，他们就是认为自己是笨的。如果父母经常告诉孩子他是聪明的，这会使孩子受到精神上的鼓舞，虽然告诉孩子“你太有才了”是一句微不足道的话，但对于孩子来说，却是一种需要，一种满足，甚至可以转化成一股积极向上的力量。

日本的一项研究表明，经常受到家长夸奖和很少受到家长夸奖的孩子，前者成才率比后者高五倍，这就是赞赏孩子的力量。家长都知道：如果今天夸孩子听话，第二天孩子会更听话；如果今天夸孩子的字比昨天写得好了，明天的字准写得更工整……这是孩子的一种特性，在受到大人的夸奖时，孩子会产生成就感和自豪感，这就会促使孩子不断地进步。

生活中更多是这样的孩子：他们的学习成绩很差，就连很简单的题目都不会做；他们不善言谈，行动也没有聪明孩子那么敏捷；他们往往是笨手笨脚的，一件简单的事，他们做起来会弄的很复杂……对于这样的孩子，犹太父母往往会及时抓住他们的优点，对他们说："你真棒！""做得很好！""你太有才了！"这样的话对孩子说多了，孩子自然就会得到一种心理暗示：原来自己也不笨，自己也会得到他人的肯定。这样，孩子就会不停地向这个方向努力。孩子知道主动地磨练自己时，就会最有效果，进步得就会最快。这样，"伪笨"的孩子释放出了聪明的灵气，在某些方面存在不足的孩子也得到了锻炼。久而久之，孩子看起来就会变得很聪明了。因此不难看出，告诉孩子"你太有才了"，就是适时地去夸一下孩子。

"笨孩子"对待一个问题反应慢一些，甚至对自己所做的事把握不好，当然，他们也缺乏自信。此时，需要父母对孩子进行引导和激励。父母可以在事前肯定他们的进步，夸他们已取得的成绩，给孩子打气，使他们充满自信地去做事。有了自信和自主，笨孩子也会很好地完成预定的事。所以，经常采用这种事前夸的方法，可以使能力稍差一点的孩子养成自我激励的良好习惯，这样，会激发出孩子的潜能。

"笨孩子"做事普遍缺乏耐心，常常虎头蛇尾。因此，父母要在孩子做事的整个过程中，用赏识的态度欣赏他们做出的每一点成绩，帮助他们克服各种困难，不断地去取得一个又一个的胜利，直到最后的成功。这样可以培养孩子坚韧不拔的品质和刻苦钻研的学习精神。

"笨孩子"经常会做出各种错事，很多时候是好心办了坏事。孩子的自尊心是很强的，因此，在他们做错了事以后，父母要一分为二地评价他们，充分肯定孩子好的一面。可以这样告诉孩子："你太有才了"，可以培养孩子正确的自我评价能力，提高自我教育的心理素质。

这种赞赏的教育方式，不仅能激发孩子的潜能，更是要孩子有"我不笨"的心理。相反地，如果某个家长当着孩子的面和其他人说"我这个孩子又笨又傻，什么都不会”，如果经常这样说的话，孩子不笨也变笨了。因此，夸孩子可以增强对孩子的激励性，使孩子感受到自己的成功正是聪明得来的，孩子就会受到鼓舞而不断进步。

激发孩子的潜能

犹太人流传这样一句话：不是你的孩子笨，而是你没有发现孩子聪明的地方。法国教育家爱尔维修说：“即使很普通的孩子，只要教育得法，也会成为不平凡的人。”这里所说的“普通的孩子”，就是人们所说的“笨孩子”，这里所说的“教育得法”，就是告诉人们，要针对孩子的“潜能优势”进行教育。

毕加索小时候是一个笨孩子。老师认为他根本就不具备有学习的智商，好多次跑到毕加索的父亲何塞面前，说毕加索有“痴呆症”。就连同学们也常常嘲笑毕加索：“呆子，二加一等于几？”面对这种状况，毕加索和他的父亲都陷入了深深的苦恼之中。

在一次偶然的机会，年幼的毕加索不知为什么对母亲大起来的肚子发生了兴趣。

他好奇地问妈妈：“妈妈，里面装了什么？”

“一个弟弟或妹妹。”母亲说。

“谁把他们装进去的？”

“是你的爸爸。”妈妈回答。

“那么，妈妈，爸爸是怎么装进去的？”

大人们发出了尖利的笑声，旁边的两个未婚女孩红着脸跑开了。

没有人再回答毕加索的问题，毕加索更不明白大人为什么会有这样的反应。谁知道喜欢绘画的毕加索却用画笔描绘着自己的母亲，看到画上的妈妈挺着一个大肚子，大人们都笑弯了腰。

但是，他的父亲何塞却发现了毕加索绘画的天赋。父亲认定，自己的这个“笨儿子”一定会在绘画方面成为一个有所成就的人。于是，何塞就把自己这个笨蛋儿子送到当地一所有名的美术学校学习。毕加索在绘画时表现出了惊人的耐力，他可以一连几个小时不放下画笔。他在绘画方面的天赋被发现后，使这样一个连“二加一等于几”都不一定知道的孩子，却在艺术的长廊里与达·芬奇齐名。

在犹太人看来，每一个孩子都可能有巨大的潜能有待挖掘，关键看父母是否能及时发现。你的孩子或许原本是一匹很好的千里马，但由于你没有及时地发现，没有及时地挖掘好孩子的潜能，使原本很好的一匹千里马，因没有伯乐而默默无闻。当然，孩子的潜能和天赋更不会一目了然，而且一个孩子究竟有多少潜能和天赋，没有人能测量和估计得到。它需要教育者去发现和培养。为了发现孩子的潜能，父母要对孩子保持赏识的心态和积极的言行。

因此，在日常生活中，犹太父母特别注意孩子的行为举止，观察孩子做一件事或与别人交往中的特征……他们把这些表现记录下来，归纳出孩子的特长，从而来诱导他。

哲学家、心理学家威廉·詹姆士提出，一个正常的健康人只运用了其潜能的10%，并称这一观点是20世纪最伟大的发现。其实每个孩子都有自己的发展潜力，每个孩子都是聪明的，每个孩子在聪明面前都是平等的。

福楼拜小时候开始说话较晚，上学后又总是学不会写字。父亲看到儿子在学校的表现，便认为他是个“笨儿子”。于是福楼拜只读完了义务教育。父亲想让儿子继承他的医生职业，就整天不离左右地看管他用功，但儿子的学习还是很糟糕。18岁时，当父亲知道福楼拜没有当医生的愿望时，便又逼迫他去巴黎学习法律。以后尽管经过多次努力，但想考进高一级学校的努力都失败了。父亲对他的前途完全丧失了信心。据说，父亲后来对他失望至极，干脆就对他放任不管了。这种放任使得福楼拜脱离了父亲的要求，发挥出他本来的才能。他闭门不出，阅读所有的文学著作，沉迷于幻想之中，然后就接连不断地创作出惊世骇俗的文学作品来。

福楼拜的成功并不是父母教育的结果，而恰恰相反。因此，现在的父母应该注意到：尽管我们曾千方百计地尝试使自己的孩子成才，往往不但没有效果，而且还常常事与愿违。很多父母把这种失败归于“孩子太笨”，其实是他们不知道孩子的潜能优势是不同的，是父母对孩子的要求方向错了。

事实上，有的孩子不是真的智商有问题，而是孩子隐藏了自己的优势，自己的优势没有得到展示。因此，要使孩子聪明起来，父母就要善于发现孩子的潜能。

成功可以有无数种形式，成功的途径更是千变万化。孩子只有按照自己的优势运作才能成功。父母应多花时间和精力去发现孩子的潜能并加以培养，使孩子获得自己的无穷发展空间，达到父母、孩子都满意的人生目标。

第04辑

挫折教育，将逆境当作孩子的礼物

漫漫人生路，生活总不会一帆风顺，磨难或挫折难免会有，而我们的很多孩子，常常因为没有良好的心理承受能力，无法去迎接生活的挫折。所以犹太人常告诫孩子：经历苦难，才能收获成功。苦难是一种财富，没有苦难，也是一种损失。

罗马不是一天建成的

《塔木德》中有一句流传甚广的格言：“罗马不是一天建成的。”不论干什么都要脚踏实地、循序渐进。任何事情都不可能一蹴而就，都需要经过一个过程的，甚至是一个艰苦的过程。

犹太人哈同，1872年到中国上海谋生。当时的哈同只有24岁，年轻力壮，但是哈同身上除了穿着外，几乎一无所有。他立志来中国赚钱发财，但自己一无资本，二无专业知识和技术。

他决心从一个立足点开始，由于身体魁梧，他在一家洋行找到了一份看门的工作。要换别人是不愿干的，自己相貌堂堂，年轻高大，却屈于当站门雇员。

很多熟识哈同的人都很不理解，于是有人就满是疑惑地问哈同：“你为什么干这种工作呢？多丢脸啊，也没有好的回报！”

每当被这样问起，哈同总是笑着回答：“看门赚来的钱也是一种报酬，没有什么可丢脸的，更不是失身份的事情，只要我努力工作，肯定会有更好的回报的。”

其实，哈同内心还有深层次的考虑，俗话说“九层之台，起于累土；千里之行，始于足下”，这份工作仅仅是立足支点，今后通过自己的努力奋斗，积蓄力量，最终要找到能赚更多的钱的路子。

哈同在当看门工时，非常认真，忠于职守。晚间，他利用一切时间阅读各种经济和财务的书籍，知识增进也很快。

洋行老板觉得哈同工作出色，脑子机灵，就对哈同说：“小伙子，你为什么不到我的业务岗位上来呢？我想那里更需要你。”哈同谦逊地说：“我很感激您的信任，先生，我会努力工作的。”

很快，哈同就被调到业务部门当办事员。哈同一如既往，工作业绩一直不错，逐步被提升为行务员、大班……

这时，他的收入大为增加了。很多人都对哈同刮目相看，大家见了哈同，都会忍不住啧啧称赞：“哈同，你真了不起！”而哈同总是轻描淡写地说：“其实没什么了，我只不过是一步步走过，没有偷懒而已。”

其实哈同早怀壮志，他也没因此而知足，他认为自己创业的时机到了。1901年，他找理由离开了打工岗位，开始独立经营商行。

哈同自办的商行取名为“哈同洋行”，为了赚取更多的钱，以经营洋货买卖为主。他看到洋货在中国市场上非常抢手，消费者难以“货比三家”，因此，他的经营获得了高额的利润，几年间，他赚了许多钱。

随着资本的增多，哈同仍然没有放缓自己的追求，开始土地买卖和放高利贷业务。他买入的土地往往从一些急于等钱用的人手里获得，所以他把价钱压得很低，卖主不得不就范。接着，他将低价买入的土地租给别人造屋，到一定年限后收回，这样连房产也归他所有了。另外，他自己也投资建造楼房供出租，从中获取惊人的利润。就这样，他成为了大富豪。

犹太人就是这样，从小事情做起，即使很小的一个起点，都没有关系，只要有一个支点，犹太人就会做出一番事业，这就是犹太人的聪明。他们做任何事情都有坚忍不拔的勇气和胆识。

失败是孩子成才的垫脚石

我们常常说，“失败是成功之母”、“不会从失败中找寻教训的人，他们的成功之路是遥远的”、“失败使懦夫沉沦，却使勇士奋起”……关于失败和成功，有太多太多满是哲理的话语。其实失败并不可怕，可怕的是缺少了坚韧的意志，有了坚韧的意志，失败就是成功的垫脚石。

久经苦难的犹太人深深地明白这个道理。在遥远的非洲大陆的一个小镇上——斯普林斯村，有一位犹太人移民后裔叫戈迪默。戈迪默的母亲是英国人，父亲是来自波罗的海沿岸国家的珠宝商。戈迪默的家庭环境很好，她的童年也很幸福，可以说她的童年是金色的。

戈迪默像所有的小孩子一样，对生活充满无限的憧憬和遐想。6岁那年，她抚摸和凝视着自己纤细而柔软的躯体，做起了当一位芭蕾舞演员的梦，她从剧院里得知，舞台生涯最能淋漓尽致地表现人的修养和思想情感，也许这就是她追求的事业。

一天，戈迪默对妈妈说：“妈妈，我想跳芭蕾舞！”戈迪默的妈妈又是惊喜又是担心：“戈迪默，舞蹈演员是很辛苦的，需要很努力地学习才可以哦。”戈迪默坚决地说：“我不怕。”

于是，一个阴雨连绵的星期六，她报了名，加入了小芭蕾剧团的行列。可是事与愿违，由于体质太弱，她对大活动量的舞蹈并不适应，时不时就有一些小病小灾来纠缠她。久而久之，小戈迪默被迫放弃了对这项事业的追求。

小小的打击让小戈迪默很是伤心，可是妈妈对戈迪默说："哭泣是没有用的，条条大道通罗马，这个世界上还有很多可以选择的路，你终究会找到适合自己的成功之路。"

戈迪默默默地点点头。

然而，命运不但不赐给她机缘，反而将她逼上越发痛苦的渊薮。8岁时，她又因患病离开了学校，中断了童年时的学业。

一个又一个的打击，让小戈迪默非常伤心；一个又一个夜晚，小戈迪默常常流着无奈的泪盼等着天明。妈妈心疼她，给她买了很多很多书，她只好终日坐在床上与书为伴了。

一个明媚的夏日，心烦意乱又十分孤独的戈迪默，偷偷地走上了大街，她想从车水马龙的街面上获取一点快乐。突然，她被一块不大不小的木牌所吸引，久久不愿离开："斯普林斯图书馆"。她欣喜若狂，早已将课本读熟了的她，最渴望的莫过于书了。

此后，她一头扎进了这家图书馆，整日泡在书堆里。图书馆下班铃响了，她却一头钻在桌子底下，等图书馆的大门确实锁上了，她才钻出来。在这书的王国里，她尽情而贪婪地吸吮着知识的营养。无数个日夜，使她对文学产生了浓厚的兴趣。

也许是"养料"过剩，她常常感到心胸有一江春水在激荡。终于她那嫩弱的小手拿起了笔，一股股似喷泉一样的情感流淌在了白纸上。那年，她刚刚9岁，文学生涯就此开始。

出人意料的是，15岁时，她的第一篇小说在当地一家文学杂志上发表了。然而，有谁会想到这篇小说竟出自一位少女之手。

1953年，戈迪默的第一部长篇小说《说谎的日子》问世。优美的笔调，深刻的思想内涵，顿时轰动了当时的文坛。世界文学界几乎同时将关注的目光投向了这位非同一般的女作家——内丁·戈迪默。

像一匹脱缰的马，戈迪默的创作一发而不可收。漫长的创作生涯，她相继写出10部长篇小说和200多篇短篇小说。多产伴着上等的质量使她连连获奖：1961年，她的《星期五的足迹》获英国史密斯奖；1974年，她又意外地获得了英国的文学奖。

创作上的黄金季节，使戈迪默越发勤奋刻苦。她说："我要用心血浸泡笔端，讴歌黑人生活。"她的满腔热忱很快就得到了报答。她的《对体面的追求》一出版，就成为成名之作，受到了瑞典文学院的关注。

接着，她创作的《没落的资产阶级世界》、《陌生人的世界》和《上宾》等佳作，轻而易举地打入诺贝尔文学奖评选的角逐圈。

然而，就在她春风得意，乘风扬帆之时，一个浪头伴一个旋涡使她又几经挫折——瑞典文学院几次将她提名为诺贝尔文学奖的候选人，但每次都因种种原因而未能如愿以偿。面对打击，这位女士有所失望，她曾在自己的著作扉页上，庄重地写下："内丁·戈迪默，诺贝尔文学奖"，然后在括号内写上"失败"两字。然而，暂时失望并未影响她对事业的追求，她毫不松懈地继续着文学创作。

1991年10月3日，一个平淡无奇的日子，但是这一天对于南非犹太裔女作家戈迪默来说，却是非同寻常的一天。这一天，她获得了1991年度的诺贝尔文学奖，她是25年来第一位获奖的女作家，也是自诺贝尔文学奖设立以来第7位获奖的女作家。这块文学金牌是她用40年的心血和汗水浇铸的，使她激动不已。

其实戈迪默不是一个个案，很多犹太人都会教育自己的子女，要正确地看待成功和失败，不要怨天尤人，不要沉陷在失败中不能自拔，也不能沉迷于成功中而沾沾自喜。

孩子有耐心就会有好的结果

耐心是一种为人处世的态度，在需要一步一步设计成功的时候，耐心就是最佳的手段。昨日或今天的失败，并不意味着最后的结局。当没了忍耐性，才是真正的失败者。犹太人懂得忍耐，多数时候耐心地等待就会有好的结果。

犹太人詹姆斯是英国著名的食品界商人，他就是一位懂得忍耐的成功人士。

詹姆斯的父亲是开工厂的，母亲在家料理家务和看管孩子。小时候的詹姆斯很听话，母亲在做家务时，他就坐在一旁玩自己的玩具，母亲也让他自己按他的意愿去做事。

时光荏苒，一眨眼十多年过去了，詹姆斯也大学毕业了。但詹姆斯没有马上找工作，总是向父亲借钱花，没多长时间，父亲的工厂破产了，家庭陷入了危机，靠父亲的积蓄维持不了多久，父亲再也不给他钱花了。

詹姆斯痛苦万分，父亲教诲他说："只有努力奋进，才能获得财富。不要心急，牛奶总会有的，面包也会有的。"詹姆斯说："我不会让您太操心的。我会慢慢取得成功的，爸爸。"

于是，詹姆斯向几个好朋友借了钱，开办了一个小制印厂。起初，制印厂的生意并不是很好，很多人都劝詹姆斯放弃。有人说："詹姆斯，你的工厂还能维持下去吗？不要硬撑！"而詹姆斯怀揣一颗平常心，异常地忍耐。五年过去了，詹姆斯终于积攒了点钱，扩大了生产，算是有点规模，每年有50万美元的盈利。

此后，詹姆斯有了更高的目标，他派人做市场调研，分析研究后，发现制印发展前景不能达到他的目标，而人们对各式各样的食品需要量很大，他就感到这里有发展的空间。

有一天，詹姆斯偶尔听到一家食品公司的老板要移民加拿大，就想把公司卖掉，他便来到该食品公司，找老板商谈，当时那个老板一口咬定转让价是500万美元，詹姆斯没有马上答复他。回来后他耐心等待着时机。半个月过去了，食品公司的老板心急想尽快卖掉公司，迫不得已只得降价出售，詹姆斯终于等到了好机会，仅花100万美元就把这家食品公司买下了。接手后，在机构上进行了调整，制定出新的策略战术，引进了一些新的设备，增加了产品的规格和式样，把糖果增加种类，如巧克力夹心、草莓夹心、果汁味、香口胶等；饼干扩展了品种，适合儿童、成人、老人的口味，以及大众饼干等，增加生产了糕点类食品，并提高了烟酒的档次，调整了价格。目标瞄准了全国各大城市，结果，产品一经上市，很受欢迎，销售额迅速增长。各路商家经销商闻名而来，纷纷订货，同行业也就此拓展了自己的产品，使得食品市场种类繁多，生意兴隆，詹姆斯带动了食品业的发展，也使他收获了财富。

詹姆斯没有止步，他雄心勃勃，投入精力专注市场研究，又把目光瞄准了法国巴黎等欧洲众多国家，经过调研，开设了分店，建立了联络网连锁销售。业务往来增多，创下营业额上亿美元的纪录。

詹姆斯在英国食品界名声赫赫，在欧美也享有盛名，意大利、芬兰的一些食品公司也闻到风声，赶来要求合作，经过一帆的商谈，詹姆斯改变了合作计划，提出要收购这些食品公司。詹姆斯看中了这些食品公司有发展的前景，并能为自己创造利润。

公司规模扩大了，形成了大的集团，詹姆斯成为世界食品界的显赫人物。

詹姆斯在创业阶段，善于进行市场调研，能够忍耐，灵机应变，使得创业成功。在成为世界食品界显赫人物的同时，他又向矿产业、金融业、信息业进军。十多年后，他便成为世界超级富豪之一。

詹姆斯的忍耐能力很强，让人佩服。他在创业中学会了怎样忍耐，汲取了各种忍耐的经验，并懂得怎样使用忍耐。他认为在游戏中，不尽如人意的事常会发生，每个人都不应该悲观失望，失败了也是成功必经的过程，关键要有决心忍耐。

忍耐也是有限度的

犹太人的忍耐是有限度的。他们所等待的是较有把握的事，否则的话，他们是不会浪费时间做无谓的等待的。所以很多犹太人都是经常变化自己的行业，无论是从事什么行业，他们都在事先有一个基本的判断，如果他们对事情充满希望，充满理想，他们就会努力去达成心愿。如果看不到希望，忍耐也是多余的。

叱咤影坛的达斯汀·霍夫曼就是这样的一个例子。早在1958年，年轻的达斯汀·霍夫曼决定离家去纽约闯天下，临行前，他对家人说："丢丑也决不丢在家门口。"

到了纽约之后，一开始，他到一家精神病院当护理员，霍夫曼本想在这里好好发展，实现自己的价值，可是一天天过去了，霍夫曼看到的听到的都是疯言疯语。

一天，一个中年人冲进大厅，对霍夫曼说："下个星期我就出院了……我的荷兰老婆是个清洁工……小家伙，你的牙齿真漂亮，是你的吗？"那人漫不经心地来回走动，突然，他张嘴模仿起恐怖的响声，把霍夫曼吓得六神无主。

大约1个月后，他觉得在这家疯人院里呆够了，再也无法忍受了，因为疯言疯语会让他发疯，所以他辞职了。

后来霍夫曼去当打字员和售货员，甚至找到一家剧院当检票员。他还干过像舞厅看门、编织夏威夷花环及跑堂等几种临时性工作，还去过纽约一家儿童俱乐部教授表演艺术。

无论是哪个行业，都没有让霍夫曼看到希望，他也没有忍耐，而是很快地选择了离开。因为他深知，那样的等待是没有意义的。

几经挫折，霍夫曼终于被一家有影响的戏剧学院录取。课余时间，他还继续打着各种各样的短工。

霍夫曼在事业上的转折是在他加入波士顿戏剧公司、成为一名性格演员以后开始的。刚进公司时，他在9个月中演了10部戏。评论家们说，他最出色的表演是在《等待戈多》中扮演奴隶司机波佐。该剧公演结束后，霍夫曼接到了百老汇一些演出商的邀请。

霍夫曼成名后，《毕业生》、《午夜牛仔》、《伦尼》等影片为他赢得了巨大的声誉，《毕业生》甚至还获得了5项金球奖，但是却在3次奥斯卡评奖中失败了，这使霍夫曼受到了很大打击。霍夫曼最终没有沉沦，他觉得自己的表演仍有巨大的潜力。

经过不懈地努力，1980年4月14日，在充满节日气氛的盛大授奖仪式上，霍夫曼一举夺得了第52届奥斯卡金像奖，成为美国电影史上一颗璀璨的明星。此后，他还连续两届担任了金像奖授奖仪式的颁奖人。

霍夫曼终于找到了自己的方向。犹太人很务实，他们不会为一些事情耽误自己大把的时间。如果自己的忍耐是没有意义的，犹太人是不会忍耐下去的，因为不是所有的忍耐都是值得推崇的。犹太人知道，只有适合自己的，才是最真实的。所以如何把握自己的方向，实现自己的追求，是犹太人首先要考虑的问题。犹太人不会为没有希望的东西空等，因为忍耐太久会丧失机会成本。

成功受赐于屡次失败

在人的一生中，难免遇到黑暗的境地，只要你的心境是明亮的，那么挫折在你的眼中也就不叫挫折了，至少你不会沮丧，不会失去希望，希望的灯永远会鼓励你执著地走向明天。常常看到我们身边有不少孩子遇到点困难和挫折就受不了，对挫折的承受能力较弱。《塔木德》上说："若能承受所发生的不好的或看起来糟糕的事情，就能忍耐贫穷和失败所带来的变故。"这句话对生活中的每个人都有启示作用。

有一个犹太富翁，在一次大生意中亏光了所有的钱，并且欠下了巨额的债。他看了看家里，就剩下了房子、汽车，于是就卖掉了房子和汽车，还清了所有的债务。后来他孤身一人，没有妻子和儿女，穷困潦倒，唯有一只心爱的猎狗和一本书与他相依为命。有一天，下着鹅毛般的大雪，他独自一个人来到一座荒僻的村庄，找到一个避风的破茅棚，他看见了里面有一盏油灯，于是用身上仅存的一根火柴，点燃了油灯，拿出书来准备读书。但是突然一阵风把灯吹熄了，立刻漆黑一片。这位老人陷入了黑暗之中，对人生感到绝望，甚至想到了结束自己的生命。但是，立在身边的猎狗给了他一丝慰藉，他无奈地叹了一口气沉沉睡去。

第二天醒来，他忽然发现猎狗也不在自己的身边，被人杀死在门外。他抚摸着这只相依为命的猎狗，他想世间再没有什么值得留恋的了，决定要结束自己的生命。于是，他最后扫视了一眼周围的一切。这时，他发现整个村庄都沉寂在一片可怕的寂静之中。他不由得急步向前去看，啊，太可怕了，尸体，到处是尸体！一片狼藉！显然，村庄昨夜遭到了匪徒的洗劫，整个村庄一个活口也没留下来。看到这可怕的场面，老人不由心念急转，啊！我是这里唯一幸存的人，他感到很庆幸，心中默念我不能死，一定活下去。此时，一轮红日冉冉升起，照得四周一片光亮，老人欣慰地想：我是这个村庄里唯一的幸存者，我没有理由不珍惜自己。虽然我失去了心爱的猎狗，但是，我还有生命，这才是人生最宝贵的东西。老人怀着坚定的信念，迎着灿烂的太阳又出发了。

犹太民族善于检验人格中的伟大力量。常常扪心自问，在遭受失败以后，你还有多少勇气？一切金钱和物质的东西都失去了以后，在你的生命中还剩下什么？事实上，对于意志坚强，永不屈服的人，在他的生命里决没有什么是失败！不管失败过多少次，时间上自己觉得有多么晚，胜利仍然是可期的。有些人虽然已经失去了他们所拥有的一切，但他们仍然坚信自己还能重新再次成功，他们坚信只要有不可屈服的意志和永不颓丧的精神，就永远没有失败。

犹太民族认为人格伟大的人，对于人世间的成败荣辱，不甚介意。虽然失败、困难、灾祸频频降临，然而人格伟大的人总能超越和克服它们，并且从来不会迷失自己，或找不到方向。在经历狂风暴雨后，心灵脆弱的人总会感到束手无策，而对于人格伟大的人，打不败的信念依然存在。所以，伟人可以克服常人克服不了的困难。“什么是失败？”一位犹太拉比说，“失败不是别的，失败只是走上较高地位的第一台阶。”

积极的心态才能找回希望

积极乐观是一种希望，也是人们预测将来的一种线索，在所拥有的一切力量中，希望是最强有力的力量。

积极的心态可以应付不利的环境，一位犹太作家指出：积极的自我形象是走出危机、不幸童年和贫民窟的通行证。犹太人说：热情是自信和自尊的根源，自信使我们能够应付任何挑战，自尊使我们表现出色。每一位犹太父母都会培养孩子拥有乐观积极的心态。

罗森·沃德是美国20世纪商界风云人物。然而，这个做服装生意起家的犹太人富翁，却也经历了许多不为人知的失败与艰辛。

罗森·沃德于1862年出生在德国一个犹太人家庭，年少时随家人移居北美，定居在伊利诺依州斯普林菲尔德市。

罗森·沃德的家境非常贫穷，为了维持生计，中学还没有毕业，他就到纽约一家服装店做杂工。罗森·沃德年幼时就受父母教育的影响，有着艰苦奋斗的精神。他确信一个人只要选定了目标，然后坚持不懈地朝着目标追求和努力，百折不挠，胜利终究一定到来，一定会得到回报。罗森·沃德本着这种精神，挣得了几百块钱。

“我要当一个服装店老板”，有一天罗森·沃德说。这是他的奋斗目标。

为了追寻这个目标，他在工作中学习，在行业里注意商业动态，找有关的书刊阅读等，几乎把全部的业余时间都用在了学习和工作上。到1884年，他有些经验和小额本金了，自己开了家服装店。可是，经营了一年多，他的店生意极为不佳，结果把多年辛苦积蓄的血汗钱全赔光了，商店只好关门。罗森·沃德只好离开纽约，回到家里去。

痛定思痛，他反复思考自己失败的原因。最后，他找到了：服装是人们的生活必需品，但又是一种装饰品，它既要实用，又要新颖，这才能满足各种客户的需求。而自己经营的服装店，定位不够明确，再加上自己的商店名声平平，没有建立起商誉，销售渠道还没有建立起来，因此失败。针对自己出师不利的原因，罗森·沃德决定重新改进。他毫不气馁，继续学习和研究服装的经营策略。他一边学习服装设计、搭配，一边进行服装市场调查，特别是对世界各国时装进行专门研究。一年后，他对服装设计颇有心得，对市场行情也了解得相当透彻。于是，他向朋友借到了几百美元，先在芝加哥开设了一间只有10多平方米的服装店。店里除了展出他亲自设计的新款服式图样外，还可以根据顾客的需求对已定型的服饰进行改进，甚至完全按顾客的口述要求给顾客进行定制。由于他的服装设计新颖精美，款式多，再加上经营灵活，很快博得众多顾客的赞赏，生意十分兴旺。两年后，他把自己的服装店扩大了数十倍，并把服装店改名为服装公司，进行大批量生产。从此，罗森·沃德财源广进、声名鹊起。

犹太人非常注重积极乐观精神的培养，当他们身处逆境时，他们会坚信只要事过境迁一切都会好起来。当然他们也很努力，无论他们遭遇到什么样的逆境，他们绝不会放弃自己的信念，一定会将自己的信念坚持到底，并且永不放弃。

积极乐观对于犹太人来说是一种希望，也是人们预测将来的一种线索，在他们所拥有的一切力量中，希望是最强有力的力量。只要存有一线希望，人们就会抓着未来的尾巴，追寻未来。打个比方，假如未来是一个锅，希望就是它的柄，只要抓住锅柄不放，就能掌握未来。

保持乐观积极的生活态度

犹太人认为，一个人如果拥有积极的态度，对任何事都抱有乐观的心态，即使遇上挫折，也会认为那是成功前的必经考验。“一切都会好的”、“我们肯定会赢”、“本来就是这样”，这是犹太人经常说到的三句话。在《塔木德》中，犹太拉比们曾经一起讨论：“为什么一天要始自日没呢？”他们所获得的结论是：与其明亮的开始，黑暗的结束，倒不如从黑暗开始，以明亮结束，来得令人欣慰。人生何尝不是如此？由这些话可以看出犹太人的乐观。有段犹太谚语这样说：假如你断了一条腿，那么你就该感谢上帝没有折断你的两条腿；如果你断了两条腿，那么你就应该感谢上帝不曾折断你的脖子；如果你真的断了脖子的话，那么也就没什么好担忧的了！

有这样两个兄弟，一个乐观积极向上，每天开心快乐；另一个情绪消极，总是愁眉不展。因此他们的父亲大人就决定对这对兄弟进行一次“性格改造”。一天，他买了许多漂亮的新玩具给情绪消极的孩子玩，把乐观积极的孩子带进了一间堆满马粪的破旧房子里。第二天清晨，父亲看到情绪消极的孩子正泣不成声，父亲见状便问：“你为什么不去玩那些玩具呢？”“那些东西玩了就坏。”孩子仍在哭泣。父亲叹了口气，走进破旧的房子，却发现乐观的孩子正兴高采烈地在马粪堆里掏着什么。那孩子得意洋洋地向父亲说道：“告诉你，爸爸，我想这马粪堆里一定还藏着一匹小马！”

在《塔木德》中有这样一则故事，有三只青蛙不小心一起掉进了木桶里，这个木桶里盛满了鲜奶：第一只青蛙想，这是上帝的旨意。于是，它干脆缩起后腿一动不动，闭上眼睛，等待着死亡降临，结果它窒息而死；第二只青蛙想，桶是那么结实，无论怎样去努力都无济于事，我根本没有机会出去，还不如认命！于是沉入桶底很快就淹死了；第三只青蛙想，我得试试看，只要我的腿上还有些力气，我就一定要把头伸出来呼吸。于是它游啊游，不停地游动起来，忽然，它的腿碰到一些硬硬的东西，于是用力一跳，结果没想到跳出了木桶：原来，当它在不停游动的过程中，鲜奶被搅拌成了奶酪，正是它的乐观精神，使它免遭了一场劫难。

在人类所拥有的一切力量中，最强有力的力量，就是希望。只要存有一丝希望，人们就会抓住它，追寻未来。犹太人虽然常常满怀着希望，但也难免会有各种各样的烦恼。《塔木德》说：“人死了以后，会被虫子吃掉，而活着的时候，也会被所谓的烦恼啃得体无完肤。”又说：“有十个烦恼比仅有一个烦恼好得多。”犹太人认为，一个人如果同时有许多烦恼，他就应当谢天谢地，因为仅有一个烦恼时，这个烦恼一定是相当相当深刻的。因为在现实生活中，常听到有人因为一个烦恼而自杀身亡，却很少听到有人因为很多烦恼而自杀。犹太人的这个观念听起来似乎很有趣，从中也体现了犹太人在面对苦难和痛苦时的那种从容的姿态。《塔木德》中有一句话："将要发生的事我们都还不知道，何必为明天而烦恼呢？"

命运就掌握在自己的手中

孩子有了掌握自己命运的信念，就会有成功的信心，就能排除万难，敢于面对现实，坚持下去，最终获得成功。

一直以来，犹太人都奉行不怕困难、不怕挫折的信念和原则，他们从不退缩，他们相信命运就掌握在自己手中。就算是遭受杀戮和迫害也不能挡住他们前进的路。自罗马帝国时起，犹太人就被迫离开国土，流散在外，长期以来受到大放逐、大捕杀。在漫长的流亡漂泊中，犹太民族的传统、文学、宗教、文化、历法、语言、习俗和智慧，并没有因这些而改变，直至今日，他们自己民族的特色和凝聚力仍然被保留着。

千百年来，犹太人的精英遍布世界，可谓人才辈出。犹太商人之所以获得非凡成就，在于他们善于把握自己的命运，拥有着旺盛的生命力和自强不息的进取精神，即使是在恶劣的处境下。

1849年，卢宾出生在俄国的一个犹太人家庭里，他跟随父母一直生活在俄国。在那里他备受歧视，无奈之下他们一家只能迁居到英国。两年后，在英国他们温饱都难以应付，然后又不得不迁居到了美国纽约。由于家庭条件差，他无法和别的孩子一样，去学校上学，于是在17岁那年就到加州去淘金。然而淘金潮已过，去后没有淘着黄金，他又不得不另谋生路，他开始摆起了小日用品的摊子。几年后，他投资了大商店，最后发现了连锁商店经营模式，成为了大富豪，如今被誉为世界连锁店的先驱。

巴拉尼是一个犹太人的儿子，年幼时患了骨结核病，由于他家庭条件非常差，支付不起医药费，因此，他的病一直无法医治好，随后他膝关节就转变成永久性僵硬了。但是，他并没有因此而失去生活的信心，相反，他生存的信念和决心更加强烈了，并且立志要有一番作为。此后，他学习医学，勤奋艰苦，终于学有所成，对医学有了较精深研究，特别是对耳科绝症有独到的研究。他用一生的精力和时间，发表了《半规管的生理学与病理学》、《前庭器的机能试验》两本很有研究价值的著作，还有 184 篇医学科研论文。由于他取得了卓越的科研成果，于 1914 年获得诺贝尔生理学及医学奖。由于他为人类世界作出了突出的贡献，先后也受到了所在国奥地利皇室所授予的爵位！

犹太人深信天下没有办不成功的事，只有无法成功的人，他们渴望得到的是成功的喜悦。犹太人认为：要掌握好自己的命运，并且有所成就并不是一件简单的事情，它需要具有独立的意识，那只是掌握自己命运的第一步，同时，还必须具有坚持不懈、百折不挠、自强不息的精神！

有了掌握自己命运的信念，就会有成功的信心，就能排除万难，敢于面对现实，坚持下去，最终获得成功。将这种力量用在自己奋斗的目标上，这就是俗语所说的“精诚所致，金石为开”。相反，没有自强不息精神的人，会轻易放弃，会觉得自己做什么都做不了，压抑了自我发展的潜力和想法，成功也会离你远去。

犹太人认为，人生是一个不断追求和前进的过程。在此过程中，前进的动力来自于对既定目标的追求和向往。人生目标是我们每个人的人生愿望，是人生的最高境界，实现人生愿望是我们人生价值观的体现。因此，要掌握好我们的命运，首先要为自己确立一个合理的人生目标，好好把握和实现这个目标，命运也就逐渐被自己掌握了，目标就会变成你前进的动力之源。否则，命运也只能随外在环境的变化而摇摆不定。

依靠自己的努力争得机会

记得看过一部励志电影，影片中女主人公坎坷的命运令人潸然泪下，但是她却从未放弃自己的希望，而是依靠自己的努力一步一步地争取机会，获得了事业上的成功。最经典的一句台词就是——“机会是不会偏爱不懂得争取的人。”

其实，生活中平庸的人占绝大多数，他们也不懂得为命运、为人生去争取什么，就是日复一日默默地工作着，最后在碌碌无为中度过了一生。而犹太人却恰恰相反，他们凭借自己的智慧和不断的努力，总是在适当的时候去展示自己的才华和知识，争取每一个对个人发展有利的机会，一个都不错过。当机会降临时，他们会积极地将这件事情做到尽善尽美。犹太人认为，如果很多机会不靠自己去争取，即便你有再强的能力也不一定会被注意。犹太人的独立与自信也是这个民族最大的特质，他们希望依靠自己的努力取得成功。

犹太人教育孩子时也总是坚持让孩子们依靠自己的努力去学习，依靠自己的智慧和能力去解决一切困难。这样才能让孩子更加坚强和独立，遇到任何变故都能够临危不乱。犹太人还告诫孩子们，不要总想着这会有人来帮忙解决，真正能让自己走出困境的只有自己。

犹太人有这么一句格言：“希望完成自己所能的是人，希望完成自己所希望的是神。”这就是要求世人，一定要制定崇高的目标，以超越自我，取得杰出的成绩。犹太人相信这样的原则：“凡是自己所能做的事情，都要自己动手去做，绝不可以求神帮忙。”在遇到困难的时候，犹太人所秉持的原则是：“要承受发生的事情，要忍耐贫穷带来的变故。”

犹太人萨尔诺夫9岁时随父母移居美国，由于家庭清贫，读小学时也不得不利用放学时间及假日去做工，挣点钱贴补家用。当他小学快毕业时，父亲积劳成疾，过早地去世了，他只好辍学到社会上当童工。

他没有抱怨父母给自己带来这么一种人生局面，而是非常勤恳地工作，把挣得的点滴小钱供家里人糊口，并省下几角钱买书自学。

几经周折，他终于在一家邮电局找到一份送电报的工作。他从此发誓要掌握电报技术，以后当电报业的老板。在今天看来，电报业已落后了，但在20世纪初却是刚问世的先进科技呢！萨尔诺夫不但有远见眼光，而且有决心和毅力攀登这个高峰。

他付出了10多年的努力，把工资收入以最大限度地节省下来。他白天卖力工作，晚上读电工夜校，获得了老板赏识而逐步得到提升。

1921年，他的老板为了发展业务，分设了“美国无线电公司”，萨尔诺夫被委任为总经理。此时他已40岁出头，但终可大显身手了。从此他走上了发迹轨道，最后，他成为美国无线电工业巨头。

犹太人给孩子的忠告：在生命的旅程中，有时候我们难免会陷入各种危机中，而想要摆脱这些危机，不要想依靠别人，要学会靠自己拯救自己。

相信自己，我能

无论遇到什么样的艰难困苦，犹太人总是在心里不停地告诉自己：“这不算什么，相信自己，我一定能。”正是因为这高度的自信心使得他们有着战胜一切苦难的决心与勇气。他们更是教育孩子要相信自己的能力，人人生来平等，不要因为不足或缺陷而感到自卑。他们对孩子说：“谁拥有自信谁就成功了一半。”让孩子在任何时候都坚定地相信自己的能力，面对现实生活的挑战，通过自己的努力来改变自己的命运。自信是孩子成长过程中的精神核心，是促使孩子充满信心去面对困难，努力完成自己愿望的动力。

一位犹太人父亲带着儿子去参观凡·高故居，在看过那张小木床及裂了口的皮鞋之后，儿子问父亲：“凡·高不是位百万富翁吗？”父亲答：“凡·高是位连妻子都没娶上的穷人。”第二年，这位父亲带儿子去丹麦，在安徒生的故居前，儿子又困惑地问：“爸爸，安徒生不是生活在皇宫里吗？”父亲答：“安徒生是位鞋匠的儿子，他就生活在这栋阁楼里。”这位父亲是一个水手，他每年往来于大西洋各个港口，他的儿子叫伊东·布拉格，是美国历史上第一位获普利策奖的黑人记者。20年后，在回忆童年时，他说：“那时我们家很穷，父母都靠出苦力为生。有很长一段时间，我一直认为像我们这样地位卑微的黑人是不可能有什么出息的。好在父亲让我认识了凡高和安徒生，这两个人告诉我，上帝没有轻看卑微。”

原来，很多时候，是出身卑微的人自己看低了自己。其实大可不必这样，自信心应该是对自己的高度认可与欣赏，自信的人能焕发出一种与众不同的气质。时刻告诉周围的人们我能行，即使我出身卑微，即使我一时命运不济，但是只要不放弃对自己的希望就有收获成功的可能。犹太人认为一个连自己都不相信的人，还能指望他创造出什么所谓的奇迹。

有这样一个关于犹太人培养年轻人自信心的故事：

一天，犹太教士胡里奥在河边遇见了忧郁的年轻人费列姆，看到他唉声叹气，愁眉苦脸地发呆。

“孩子，你为何如此郁郁寡欢呢？”胡里奥关心地问。

“我是一个名副其实的穷光蛋，一无所有，怎么能高兴起来呢？”费列姆看了一眼胡里奥，叹了口气。

“傻孩子，其实你应该开怀大笑才对呢！”胡里奥笑着说。

“开怀大笑？为什么呢？”费列姆不解地问。

“因为你其实已经是个百万富翁了！”胡里奥笑着说，神情诡秘。

“百万富翁？您不要拿我这个穷光蛋开玩笑了！”费列姆生气地要转身就要走了。

“我怎敢拿你寻开心呢？孩子，现在你能回答我几个问题吗？”

“什么问题？”费列姆有些好奇。

“假如我现在拿20万换走你的健康，你愿意吗？”胡里奥问。

“不愿意！”费列姆摇摇头否定。

“假如我现在拿20万换走你的青春，让你变成为一个小老头，你愿意吗？”

“不愿意！”费列姆很干脆地答道。

“假如我现在拿20万买走你的美貌，让你变成为一个丑八怪，你愿意吗？”

“不愿意！”费列姆坚决地答道。

“假如我现在拿20万买走你的智慧，让你变成为一个白痴，从此浑浑噩噩地过一生，你愿意吗？”

“当然不愿意！傻瓜才乐意呢！”费列姆一扭头就要离开。

“别慌，请你再回答我最后一个问题后再走。假如我现在拿20万，让你去杀人放火，从此失去良知过一生，你愿意吗？”

“天哪，这种事，魔鬼才乐意去做呢，我坚决不干！”费列姆显然非常气愤。

“好了，我刚才已经出了一百万，却买不到你身上的任何东西。你说你不是百万富翁，又是什么呢？”胡里奥微笑着问。

听完胡里奥的一席话，费列姆恍然大悟了，他微笑着与胡里奥告别了，勇敢地向前方走去了。

教士胡里奥用一种独特的方式激发年轻人的自信，意在告诉他，拥有健康、青春、美貌、智慧等等一切优点，为何还郁郁寡欢消极处世呢？犹太人认为任何人都没有理由不自信，因为每个人都有着闪光点和独特的优点，更应该予以珍惜以焕发自己的信心和斗志。

这就是犹太人的精神和智慧。由于特殊的历史原因，他们失去了自己的家园，长期流浪在世界各地，因此，对他们来说，在任何时候，都必须坚定地相信自己的能力，正视生活的挑战，努力来改变自己的命运。

珍惜你所拥有的一切，相信自己，我能！这就是犹太人的精神和智慧给我们的启示。

为了自己的目标而努力

有人说，人的一生有三天：今天、昨天和明天。是的，人的一生并不漫长，是否过得充实、有意义，都掌握在我们的一念之间。而在这短短几十年的光景中，每个人都应该有自己的目标，关于人生、事业、学业等等。树立了目标才能让自己精神百倍地去努力，因为梦想在前方招手，我们要不顾一切地跑上去。

目标，或许是成功之路的第一步，也是最重要的一个交点。有了目标，才有了努力的“路径”；有了“路径”，才能去顽强地拼搏；有了拼搏，才会有结果，这就是目标“凝聚”成奋斗的最主要的原因。我们应当尽自己的所能去选择目标，制定计划，从容地去面对目标，这样才能有所进步。

《塔木德》上说：“一位百发百中的神箭手，如果他漫无目标地乱射，也不能射中一只野兔。”成功的犹太人非常重视明确奋斗目标的重要性。

犹太人每天都给自己树立目标，然后每天都要按这个进度去完成，分分秒秒都是充实而多彩的。犹太人要求孩子在很小的时候就树立自己的人生目标，并坚定孩子们要为这个目标不断地努力学习，锻炼和提高自己的能力。

晓·海夫纳的人生经历向人们阐释了犹太人关于树立人生目标的重要意义。

晓·海夫纳出生在一个犹太家庭。他的父亲格连当时在美国芝加哥一间铝制品公司当会计，家庭收入不多，生活较为清贫。海夫纳读完中学后就不再读书了，当时正是第二次世界大战，他应征参军了。

1949 年，海夫纳在芝加哥一家漫画公司谋得一职，每周工资 45 美元。由于收入微薄，他仍住在父母家里，甚至结婚后的一段时间也是如此。早已确立了奋斗目标的海夫纳在漫画公司工作了几个月后，经过四处寻访，终于被一家叫《老爷》的杂志聘用了，每周工资 60 美元。

海夫纳到该公司工作其实是“醉翁之意不在酒”，每周多 15 美元对他的生活无济于事，他志在向该公司学习经营手法并熟悉市场。因为《老爷》是美国早年最畅销的杂志，读者主要是男性，以女性裸照为主要内容。海夫纳从读大学时，就一直是该杂志的读者，他早就希望有朝一日进入该杂志社工作。

1951 年，海夫纳已对《老爷》杂志的运作了如指掌，他要求增加工资却被老板拒绝，于是决定离开该杂志社自己创业。他决心办一种类似《老爷》的杂志，要与《老爷》争个高低。尽管有凌云壮志，无奈却毫无资本，这使他苦不堪言。加上妻子生下一女，生活负担又加重，他创业的设想搁置起来了。为了生活，他不得不又到一家儿童杂志社做发行工作，此时的周薪为 100 美元，生活稍为得到些许改善。但他却没有放弃自己的打算，他一面工作，一面策划自己的刊物。

海夫纳从父亲那里借得几百美元，另外从银行贷得 400 美元，凑起来刚好 1000 美元，他决心以这点钱作为自己创办杂志的本钱，办一本名叫《每月女郎》的月刊。由于他吸取了《老爷》的经营之道，加上自己的改进，第一期发行即打响，共销售 5 万多本，获得了空前的成功。15 个月后，每期销量直线上升，达到 30 万份，海夫纳开始发迹了。

当海夫纳正要出版第二期的《每月女郎》时，他突然接到《老爷》杂志律师的信，警告他的杂志鱼目混珠，扬言如不将《每月女郎》改名，则要起诉他。海夫纳反复思考后，认为“小不忍则乱大谋”，刊名无所谓，关键是内容吸引读者。于是他低头从命，把其杂志改名为《花花公子》。结果，改名后的杂志更畅销。

晓·海夫纳向着自己的目标毅然决然地进发，凭借自己的努力和细心朝着目标前行最终获得了成功。选择一个适合自己的人生目标，然后便要不断地努力学习，坚定不移地朝着这个目标前进。

事实上，这也是犹太人的一种普遍的特性，即从青少年开始，他们就树立人生的奋斗目标，以后千方百计为达到目标而努力。在人生中，一定要找到适合自己的明确目标，要为了实现这个目标不懈努力；遇到挫折的时候，要善于变通和克服。

命运握在自己手中

生活就像一座山峰，越是向上攀登越是会遇到阻力，狂风、暴雨、泥石流似乎都会接踵而来，于是有的人半途而废选择了下山，他们无奈地说：“山上的环境如此恶劣，这些自然灾害不是我们能战胜的，我们已经尽力了。”

人生道路上荆棘丛生，对于悲观者和意志薄弱者，他们可能会因为跌倒而无法爬起来；但对于乐观者和意志坚强者，他们不怕跌倒，跌倒后他们会凭着自己钢铁般的意志坚强地站起来，勇敢地向前跨步走。

犹太人从不畏惧艰难困苦，哪怕遇到再大的苦难也会相信自己能够掌握命运，绝对不会怨天尤人。他们总是对自己的孩子说："无论你们遇到了怎样克服不了的苦难，都不要说这是没办法的事情，努力了也没用。"因为在他们看来命运是掌握在自己手中的，自己有能力去改变它。

犹太民族在整个发展过程中经历了太多的磨难，很多都是难以想象的。但是他们却从未放弃过希望，一直相信自己能够创造奇迹。正是凭借着这份超然的毅力和决心，犹太民族一步一步地走来，并成为世界上最富有的民族。

犹太人总给自己的孩子读这样一首诗：

"这些天我一定要节省，虽然我没有钱可节省；
我一定要节省健康和力量，足够支持我很长时间；
我一定要节省我的神经，我的思想，我的心灵和我精神的火；
我一定要节省流下的泪水，我需要它们很长很长的时间；
我一定要节省忍耐，在这些风暴肆虐的日子。
在我的生命里，我有那么多需要的——
情感的温暖和一颗善良的心，
这些东西我都缺少，
这些我一定要节省，
这一切，上帝的礼物，我希望保存，
倘若我很快就失去了它们，我将多么悲伤。"

这是第二次世界大战时期，纳粹集中营有一个叫玛莎的犹太小女孩儿写的一首诗。

在当时那种朝不保夕的日子里，一个小女孩仍然那样勇敢。她热爱生命，从不怨天尤人；她乐观、豁达、坚强，哪一点不值得孩子们学习呢？

坚忍不拔是一切希望的源泉，不论在什么样的情境中，都要热爱生命、保持希望，这样才能克服一切艰难险阻，真正掌握自己的命运。

犹太人为了教育孩子切莫怨天尤人，告诉他们自己是可以掌握自己的命运的，还总会讲这样一个故事：

上帝有一天心血来潮，来到他所创造的土地上散步，看到农田里的麦穗粒粒饱满，感到非常开心。上帝本来以为他并不会被认出来，因为这个世界上的人已经很久很久没有见过他了。想不到的是，一个在麦田里的农夫轻易地就认出他来。农夫趋前向上帝请安，说："仁慈的上帝呀，你终于来了！这五十年来，我没有一天停止祈祷，企盼着你的降临，你终于来了。"

上帝说："五十年来，你都在祈祷，到底是在祈求什么呢？"

"我总是在祈求风调雨顺，祈祷今年不要有大风雨，不要下雪，不要地震，不要干旱，不要有冰雹，不要有虫害。可是不论我怎么祈祷，总是不能如愿！"农夫说。

上帝回答："我创造世界，也创造了风雨，创造了干旱，创造了蝗虫与鸟雀，我创造的是不能如人所愿的世界。"

农夫跪下来，吻上帝的脚："全能的主呀！可不可以在明年允诺我的请求，只要一年的时间，不要风，不要雨，不要烈日与灾害，别人的田我不管，能不能给我一年的时间？"

上帝说："好吧！明年如你所愿。"

第二年，农夫的田地果然结出许多麦穗，由于没有任何狂风暴雨、烈日与灾害，麦穗比平常多了一倍，农夫兴奋不已，欢喜地等待收成的那一天。

到了收成的时刻，奇怪的事情发生了，农夫的麦穗里竟然没有结出一粒麦子。

农夫找到了上帝，问道："仁慈的上帝，这是怎么一回事，你是不是搞错了某些部分？”

上帝说：“我没有搞错任何事情，一旦避开了所有的考验，麦子就变得无能了。对于一粒麦子，努力奋斗是不可避免的，风雨是必要的，烈日是必要的，蝗虫是必要的，它们可以唤醒麦子内在的灵魂。人的灵魂也和麦子的灵魂相同，如果没有任何考验，人也只是一个空壳罢了。”

农夫曾经因麦子收成不好就怨天公不作美，害虫作祟，谁知当麦子没有了其他一切阻力时却无法结出果实。所以作为有生命的人们更不能怨天尤人，应该努力克服一切艰难险阻，真正做个掌握自己命运的人。

阻力在犹太人面前变成了推动他们前进的动力，他们的人生也因此不同凡响，他们的人生价值也得以充分体现。伟人之所以能创造出伟大的奇迹，是因为他们有着永不轻易向困难屈服的精神，在面对困境时能保持良好的心态和表现出钢铁般的意志力。

生活中，并不存在所谓的上帝安排！在逆境面前，不要怨天尤人，要勇敢面对，敢于拼搏，力争改变它，还要学会感恩，感谢那些曾经帮助过或拒绝过你的人；感谢那些爱你或恨你的人；感谢那些看得起或瞧不起你的人。正是有了他们，你才能不断地成长。

第 05 辑

学会交际，社交是犹太人的必修课

犹太人在对孩子培养的过程中，不会忽视对孩子交际能力的培养，因为在他们看来，让孩子学会与人交往，就是能让孩子的所学得到充分地展示和利用，甚至能在能力与办事效果之间起到四两拨千金的效果。因此，让孩子学会与人交往，是犹太妈妈在家教中必然的选择。

学会建立自己的关系网

一个人的成功绝非单靠自己，是需要父母朋友等的帮助，父母要教育孩子学会人际交往建立自己的关系网。犹太人之所以令世人瞩目，重要的一个原因是善于建立人际关系网。犹太人散布在世界各地，与各地同胞之间的学习和交流，是他们获得成功的原因之一。犹太教的规定中，安息日不仅不能工作，也不能谈论工作，一定要在家中或者旅途中安静地休息。如果到了安息日，犹太人来到教会，教会里的人就会留他们住宿过夜，还会准备上一桌丰盛的饭菜。自然地，他们就能够建立起和谐的人际关系网，这样经年累月，他们之间的关系越来越牢靠。

艾尔瓦斯是一位哲学家，在他弥留之际，他将儿子叫到身边问他："孩子，在你生活中有多少朋友？告诉我。"儿子骄傲地回答说："我有很多个朋友。""不要轻易把别人当朋友，不管做什么，除非你能证明他的确是你的朋友。"艾尔提醒儿子，"论年纪我比你大很多，可我回顾这一生，却只找到半个朋友。你却说有很多个朋友，我的儿子，所以去试试你的朋友们，看看他们当中是否有个真正的朋友。"儿子问道："我应该怎样才能试出来呢？"艾尔吩咐儿子说道："杀一头小牛，将它剁成碎块然后放进麻袋里，将麻袋在血里浸一浸。然后拿它到你的朋友那儿，对他说：我刚刚杀了一个人！请你帮我把他埋在你的院中吧，帮帮我吧，我求你了！没人会知道的！这样你就会救了我一条命！"

儿子照父亲的话去做，带着麻袋去找一个朋友，一个朋友却说："快滚出去！随便埋在别的什么地方，自己承担罪责吧，别再给我添晦气！”儿子相继又去见了第2个、第3个……直到见到第100个朋友，每个人都把他给赶走了。之后，他回来见父亲，告诉了父亲一切。父亲安慰地说："这没什么奇怪的，一个人在成功时，会有很多朋友巴结他，看起来他会有很多朋友。但当他落下灾祸时，那些朋友就消失得无影无踪了。所以说儿子，你现在去找我给你说起的那‘半个朋友’，听听他会怎么和你说。”儿子去找父亲那“半个朋友”向他请教，“半个朋友”说："别让邻居们看见你，快进屋里来。”把家人们都打发出去，就剩他们两个人时，他开始在院子里挖坑穴，坑穴挖好了，然后准备偷偷埋掉那个血淋淋的麻袋。艾尔的儿子这时把麻袋里的东西掏了出来。“我只是为了证明一件事，现在我清楚了，你是父亲真正的朋友。”他叫道。

与人交往是人类所特有的一个社会需要，因此不要分对方的地位和身份的尊卑，孩子也更是如此。

犹太人时常教育自己的孩子要多听少说。犹太人教育孩子要交真正的朋友，而且还提倡孩子广交朋友，锻炼孩子的社交能力。

犹太人与人交往时，善于把握对方的心理，他们更懂得人际交往的技巧。犹太父母从小就灌输孩子有关人际交往中的技巧。犹太人的教育非常重视和谐人际关系的建立。犹太人建立人际关系的方式是："要以两倍多的时间认真倾听对方的话。”首先应该倾听对方的话的意思，然后再做出反应。孩子在与成人的交往中，不仅能得到同学的关心和成人的关照，还可以通过成人的言行了解初步的社会道德规范和行为准则，并且逐步以成人的要求做出评价和判断，以调节自己的行动。在和同龄伙伴的交往中，孩子可以通过共同的游戏和共同的活动逐渐学会怎样来表达自己的愿望，如何更友好地相处。

与人交往时表现出真诚

《塔木德》上说："友善与温和总是比暴力和愤怒更有力。"因此，在与他人交往时，犹太人认为自己首先要有真诚的态度！

犹太人总是能给人类带来一些新奇的智慧，正如犹太拉比们认为，所谓真诚就是以诚待人。它是处理好人际关系的首要原则，具体表现为真诚地表现自己，真诚地对待别人，这样才不致使交际受挫。不要逢场作戏玩深沉或过分压抑自我，使人琢磨不定等。

费城一家煤厂里的推销员是一个犹太人，叫纳克夫，多年来，他一直很想卖煤给一家联营百货公司，可那家公司始终不买他的煤，而购买市郊一家煤厂的煤。他就很纳闷，为什么劝了那么多次就是劝不动这家公司买他的煤？思索后还是毫无结果，就去请求他的老师帮助。他的老师想了想说，我们即将要开一次辩论会，主题是：连锁性百货公司的业务发展，对国家害多益少。照老师建议，纳克夫参加了反对的那一组，他同意替那公司辩护。之后，老师要他直接去见那个不买他煤的那家公司负责人。纳克夫见到那人，说：我这次来不是要你买我的煤，而是有一事想请你帮个忙。他讲完后，说只要能提供我这项资料我就能在辩论会中获胜，因为除了你以外没有别人能找到，希望你能提供给我。后来，纳克夫回忆道："我先是请求那人给我一分钟的谈话时间，传话后，他才答应见我。他请我坐下，我说明来意后，结果我们谈了一小时四十七分钟。他给另一家连锁机构高级职员打电话，那职员曾经写过有关连锁百货公司性质的一本书。他还替我找来许多辩论的资料。他对这家公司充满了信心！对工作感到自豪和满意。他说话的时候，两眼闪耀出光芒。这次的谈话开阔了我的眼界，我以前对他的不满全都没了。我离开的时候，他亲自送我到门口，说预祝我辩论会上获得成功！最后对我说：到春末的时候，你再来找我，我愿意订购你厂里的煤。我很感激，这真是奇迹，我没提到也并不央求他，他却要订购我的煤了。由于我的真诚，在这两个小时内所得到的进展，比这十年中所得到的还多。原因是我过去只关心自己和煤，现在我是关心他和他切身的利益！”

每个人都有自己的长处与不足，对他人、对朋友要真诚相待。要认识到在与别人的交往过程中，打动人的是真诚，以诚信为本，以诚信办事！真诚才能换来与别人的沟通与合作，真诚永远是人类最珍贵的感情之一。人际交往中，若对方感到了你的热情与真诚，你将会更容易得到对方肯定的评价。所以在交往中，不但要充满热情，也能坦诚说明自身的利益，显得合情合理而又真诚。这样，对方自然会接纳你，真诚就是为成功交往架起的一座桥梁。犹太人还有句格言：“上策是诚实。”总之，要在善良的动机前提下真诚地评价别人，关心别人，理解别人，帮助别人。在真诚的态度下去做事，才更容易成功。

放下偏见，正确看待他人

有一位犹太哲学家说过：“偏见是对他人的无知”。犹太人认为偏见是因为对他人缺乏了解、缺乏事实根据的偏执表现，是不符合事实的认识而产生的结果。在犹太人的眼里，不放下偏见就不可能有清醒的自我。不正视他人，就不可能有创造。人生的成败不在于是否能干，地位是否显赫，学识是否丰富；而在于是否放得下偏见去正视他人。

麦克是一个犹太人，他是个警察。麦克在执行任务的时候遇见了一个年仅12岁身患艾滋病已经2年有余的小男孩。12岁正是一个人美好成长的开始，然而他的生命却进入了倒计时，抢劫、吸毒，充满正义感的人们不会对那些恶习的原因追根溯源，他们对他痛恨至极！一天，麦克发现小男孩躺在那里，满脸污迹血渍，面部扭曲，毒瘾发作的痛苦令人揪心。麦克知道被他抓破皮肤的后果，然而，他还是要靠近，一再地靠近他，用洁净柔软的面纸，为他擦拭脸上的污迹血渍，男孩的表情变得不再狰狞，面部渐渐舒展开来，他望着麦克，眼中含着泪。在男孩10岁那年，失去了父亲，接踵而至的是年幼的弟弟患病夭折，他不识字的母亲，除了带他来到了这个世界，便再无能力给予他任何东西。这种悲哀，对于10岁孩子的人生，已是不堪重负的苦难！出于求生的本能，他选择离开母亲，他只是想有件衣穿和有口饭吃。有时命运真的很不公平，有时噩运一旦来临就不再会有转机。他一路漂泊衣不蔽体，食不裹腹。终于有一天他遇上一位“好心人”，在他那幼小心灵里，植下了知恩图报的根。在他还不懂分辨人性善恶时，那个“好心人”已用毒品将他套牢……从此，他不得不为一顿饱饭付出惨痛代价：偷窃、敲诈、吸毒、抢夺……当麦克为他擦拭脸庞时，他自己也流泪哭了！他幼小的心灵是多么缺乏温暖和爱，一点点温暖，都令他如此感动！

人类大都有这个弱点，很容易看到别人的问题，却总是很难发现自己的问题。放下偏见正视他人，才能使曾经罪恶的心有所忏悔，只有原谅别人才能抛弃怨恨。其实，我们在处事时，不应该责己太严。要知道，人性中搀杂着伟大与渺小、崇高与卑微、善与恶，我们彼此都差不多。也许有些人性格坚强，机会较多，因此可以更自由地表现天性，但骨子里，人性是相似的。我们常常将自己的不顺归结于外在因素，事实上，导致失败的罪魁祸首就是自己。放下偏见，正视他人，这样我们的生活便会更加轻松且美好。正视他人还包括正视他人的过错，原谅他人的过错。当一个人不经意间，或是因欠思考而鲁莽行事，或是因年少不明事理而酿成大错时，他内心最需要的是什么？是别人能够拉他一把。听到人们给他安慰的话语，当他因为自己的愚蠢行为而感到无地自容的时候，他更渴望看到的是人们包容的眼神。

学会倾听，善于倾听

犹太人常常把言辞比喻成药，即适量的言语可以一针见血，但是用量过多的话就会愈描愈黑，这样不仅没有益处，反而会有害。犹太人认为：一个话多的人远比小偷更让人感到可怕和头痛，假话流传时间长了就会让人误为“真理”，谣言会让亲近的朋友互相不信任。犹太人认为，喋喋不休、喜欢自我表现的人，通常都不是聪明的人。而一个善于理解和倾听别人讲话的人，才是真正的聪明人。所以，犹太人中流传着一句话：“当不聪明的人高声大笑时，聪明人只会微微一笑。”因此，我们不要用嘴巴去发现看不见的东西。要知道，管好自己的舌头，就好像是慎重地对待珍宝一样；让自己适当地保持沉默，人生将会得到更多的好处。

一个犹太女人非常喜欢东家长、西家短地说这说那。话多本来就是女人的天性，可是连平常饶舌的三姑六婆们也都难以忍受她，因为她实在也太过火了。终于有一天，大家到拉比那里去控告了她的行为，拉比在仔细倾听了之后，说："你们先回去吧。"然后拉比派人去找多嘴的女人来。"你为什么对邻居太太们评头论足，为什么总是无中生有？"多嘴的女人笑笑说："我并没有无中生有啊！我也许只是对于事实有些夸张的习惯吧，不过我说的都很接近事实呀，我只是把那些事实再稍加修饰，使它更有声有色而已！但是我有可能真的是太多嘴了，连我的丈夫都这么说我。我也打算要改掉这个毛病。""好吧！让我们来考虑下，看有没有什么好的解决办法。"拉比想了想后，走出房间，拿回一个装了羽毛的大袋子，对女人说："你将这个袋子带走，去往广场，等到了广场上你就打开袋子，然后，开始往家里走，你就将袋子里的东西一点一点地放在路边；回到家之后，你再折回广场去，把散放在路上的东西再收回去。"犹太女人感到很纳闷，因为接过袋子时，那袋子非常轻。她非常想知道袋子里面装的到底是什么东西。于是她很快就往广场上走去，到了之后，她迫不及待地打开一看，里面装的原来是一大堆羽毛。那天，微风轻拂，一眼望去万里无云，真令人感到舒服。她照着吩咐，一边把羽毛摆在路边，一边走，进家门时，袋子也空了。然后她又拿着袋子，返回广场，边走边拣，因为风吹散了羽毛，以致就根本没拣到几根羽毛。女人回到拉比那里说："我照您的吩咐做了，可是，没能收回几根羽毛。""没错，我想也是的。"拉比说，"马路新闻，就像羽毛一样，一旦被风吹走，就没有回来的可能。"于是犹太女人恍然大悟，之后，改掉了多嘴的坏习惯！

犹太人认为舌头就好比一把锋利的剑，一定要小心使用，否则不仅会伤害到别人，还会伤到自己。拉比告诫人们："遇到长舌人的时候，你一定要毫不迟疑地走掉；同样的，遇到马路新闻时，你也要快速地逃掉。"与夸夸其谈比起来，犹太人更多的是在倾听。

管好自己的舌头，就好像是慎重地对待珍宝一样；让自己适当地保持沉默，孩子的人生将会得到更多的好处。

犹太人说，人之所以有一张嘴巴、两个耳朵，就是为了让人少说多听的，听的分量要有说的两倍。舌头常常是是非曲直的根源。于是，那些懂得听的人总是让人尊敬，而那些喋喋不休讲话不停的人只会招人讨厌。因此，犹太人便学着古时的剑圣一样，不到万不得已，绝不拔剑伤人！

体谅和理解是人际的润滑剂

犹太人说，理解和宽恕别人是一个人人际关系成功与否的重要因素。要使自己与周围人的关系协调和融洽，理解他人是一个很重要的因素。犹太人告诫我们：能做到很好地理解他人，是赢得好的人缘，营造和谐的人际关系的一个很重要的前提。而要做到理解和宽恕他人，就要在日常生活中，学会多站在对方的角度考虑问题。这样，自己的人际交往就会向着一个良好的方向发展。在犹太人中，有这样一个“黑色幽默”：

儿子在十二三岁时，与自己的父亲亲密无间，认为自己的父亲很伟大；十七八岁时，便与父亲有了别扭，总认为父亲是顽固；三四十岁时，遇到了问题便想，是否与那个老家伙商量；五六十岁时，终于发现父亲的一生很有价值，他是自己的榜样；父亲临死前，儿子感叹，父亲是天底下最有学识、有远见，最可尊敬的人！

说明什么？理解的重要性，理解了就能消除掉人与人之间的隔阂，消除掉代沟。

英俊勇敢的格温拉是古代希伯来伟大的君主亚瑟王旗下的一位骑士。一次战役中，为了能帮助亚瑟王获胜，格温拉答应了一个面目难看、外形极丑陋的女巫的要求，就是娶她为妻。在女巫的帮助下，亚瑟王很快赢取了战役，而骑士格温拉也履行了他对女巫的诺言。新婚之夜，当格温拉把女巫抱回家后惊奇地发现，丑陋的女巫竟然变成了一个美少女。但是随后女巫也给格温拉提出要求：我一天只有一半时间可以变成美女，所以你是希望我在白天还是晚上变成美女？格温拉的确很难抉择，但是格温拉最终决定，将选择权让给妻子，他对妻子说：亲爱的，能够娶到你对我来说已经很幸福了。这个选择对你来说要远比对我的影响大得多，无论你选择白天还是夜晚，我都将为我能拥有你而感到骄傲和幸福。结果，格温拉的肺腑之言让女巫的魔咒解除了，她彻底地恢复了美貌！

在交往中，如果缺乏理解或理解偏差，就会制造一些交往障碍。所以在生活中，要学会站在对方的位置上思考，换位思考，将心比心，设身处地为别人考虑，遵循“己所不欲，勿施于人”和“己之所欲，勿强加于人”的原则，互相给予理解和宽容，也许世界就会变得美丽和太平。一个人若自私自利只顾考虑自己，而不去考虑别人的需要和感受，是非常可怕的。想想要成为一个有仁爱的人，就一定要学会理解和尊重别人，关心别人的需要和感情。生活中，只有给人以尊重，才能获得别人的尊重，得不到别人尊重的人，很可能也不会尊重别人。相反，一个受到别人尊重和关心的人，他就会以同样方式去对待别人。人都渴望被理解，当你希望得到别人理解时，不知你自己有没想到：我会理解人吗？我能理解人吗？犹太人告诫我们：只有那些理解他人处境的人，才能赢得别人的尊重。

对朋友不愠不火

古语说："小人之交甘若醴，君子之交淡如水。"在人生中，朋友也好，爱情也好，多是一种互利互惠的组合。朋友之交贵在保留彼此的空间，唯有淡泊，互不相扰，才可以长久地表示好意，收放间挥洒自如。在人生的旅途中，任何一个人都希望在拥有亲情的同时，能获得纯洁绚烂的友情。在犹太人的心目中，真正的朋友，不仅在顺境时是朋友，在逆境时更是朋友；不仅在身前是朋友，在你身后更是朋友；在言语上能相互安慰鼓励，在你困难时更能给予实际的帮助。犹太人在长期实践中所形成的务实思维模式，在交友中同样映现出来。犹太人告诉我们，交朋友时要保持一定的空间和距离，不可太过于亲密，如果过于亲密一定会产生很多矛盾，要做到君子之交淡如水、和而不疏。

很久以前，有两个商人，都很年轻，他俩分别住在埃及和巴比伦。可从没见过面，只是从旅行者的口中听说过彼此，也曾通过书信互送礼品。一年，埃及商人变得一贫如洗，所有的财产都失去了，在绝望中他想起了自己的朋友，说："我要去巴比伦找我的朋友，他肯定会帮助我的。"埃及商人经历了漫长的跋涉之后，终于到了巴比伦。他衣衫褴褛，靴子也破破烂烂，双脚又酸又痛。他一想到朋友可能认不出他来，而佣人们也许会把他当成一个可怜的乞丐赶走时，就不禁害怕得发抖。埃及商人在市郊一个废弃的破房子里，过了第一个夜晚。他向街上望去，忽然，看见两人在争吵，其中一个抽出刀子，将另一个杀死后立即逃跑了。附近很快就围来了一大群人，他们开始追查凶手。当他们追到这破房子里时，发现了埃及商人。于是，就问："是谁杀死了那个人，你知道吗？"

他本来已经对生活绝望了，相比之下，死好像更为甜蜜一些。于是，他叫道："我就是凶手。"于是，他们就带走了可怜的埃及商人，将他囚禁。第二天法官判了他绞刑。城里所有的人都来围观。他的巴比伦朋友也来了，就在人群当中，竟然认出了他。"你们要处死的是一个无辜的人！"他喊道，"他不是凶手，我才是！"于是，法官命令放了异乡人，而把这个巴比伦商人吊上了绞架。真凶也站在人群中，他被这对朋友的真情深深打动了。他想："如果让一个无辜的人为了我所犯的罪行而死，我一定会在地狱中受到可怕的惩罚。"于是，他就喊道："放了他，他和他的朋友都没杀人。第一个人认罪是因为不想活了，第二个则是因为真正的友谊才把罪名揽到自己头上。其实，我才是真正的凶手。绞死我吧，这才是申张正义。"

在现实生活当中，朋友并不需要对方为自己去"送死"，真正的友情在表达时会把真实的内心展示出来。朋友在犹太人眼里被看成是财富。因为朋友能分担自己的忧愁，能慰藉自己的感情。朋友给人们的益处和作用是无法用金钱来衡量的。得到朋友，特别是得到知心的朋友，标志着一个人能够准确地理解生活，更深刻地把握生活，成熟地看待生活。在我们的人生中，金钱易得，朋友难求，难就难在内心世界的一致，涵养气质的互补，目标趋向的相同，言语行动的和谐，学习工作的促进。朋友的作用在鼓励，朋友的效能在激励，朋友的价值在和谐。

学会“艺术地”拒绝

人生在世，难免会有求于人，不管是谁被人拒绝都会觉得难堪。一个真正的人际高手不会轻易拒绝别人；即使是拒绝，也不会让人难堪，因为他们懂得“拒绝的艺术”。犹太人认为，凡事都要多为他人着想，多给别人留一些方便，少一点难堪，这样能够赢取别人的爱戴和喜欢。因此，我们做人要多给别人一些帮助，不要轻易地拒绝别人。这样，自己自然而然地也会获益更多！也许你有这样的感触，与别人交往是很难做到有求必应的。当然，任何事都不绝对，不轻易拒绝别人，也不是全然接受别人的请求或者要求。古希腊哲学家毕达哥拉斯说过，说最短最古老的字“好”或“不”，都需要最慎重的考虑。不会说“不”，时常会让自己陷入被动。

很久以前，有一位犹太拉比，他在当地知名度很高，因此，向他求教的人络绎不绝，他所居住的小巷有终日不断的脚步声，他们家有不断的敲门声。有一次，这位犹太拉比着了凉，患了重感冒，躺在床上起不了床，但又实在怕有人敲门，于是，他就在一张纸上写了长长的几行话：“老弱病残，四类皆全；医生叮嘱，说须静养，此乃金玉良言。定好上午时间，万万不可侵犯；下午会客时间，定在四时过半。人命关天的事，焉敢违犯；请君谅解谅解，大家方便方便。”落款是“可怜的拉比”。然后，拉比让门徒贴在了自家大院的门上。

拉比思来想去选择了用幽默的话语拒绝了来访的客人。他想：如果直截了当地拒绝人们的所求，不但不符合他做人处事的原则，同时，别人也不会理解他。这位拉比的拒绝完全可以得到别人的理解和接受，事实上这也一直是犹太人独特的处世智慧!

用幽默的言辞拒绝对方，让对方轻松愉悦地接受拒绝。幽默是犹太人生存的工具之一，这种方法既能让彼此的关系很融洽，也不会伤害到对方，而且还会让自己免于拒绝的尴尬。当我们对别人有所要求或和人沟通时，假如对方能够爽快地承诺，我们一定会心生欢喜；如果对方一再刁难你，认为这个不行，那个不好，那么我们一定会觉得此人顽固，不通人情，不好交往合作。一个人如果总是轻易地拒绝一些机会、姻缘，久而久之不仅会失去朋友，还会失去一切。

有些人在拒绝别人时，因感到不好意思而不敢据实言明，结果导致别人因此而产生误会。有些人在拒绝对方时，总喜欢模棱两可，拐弯抹角，让对方还抱有一丝希望，比如，“我试试、应该还有机会吧”，这样的结果为自己带来了更大的困扰，而且让别人漫无目的地空等，这是一种不负责任的表现。再比如，有些人总喜欢这样拒绝别人：“这件事不容易做到吧！”如果对方迫切着急需要帮忙，很可能会被认为是同意了。自己如果做不到，那别人就会埋怨你不守承诺。所以在拒绝别人时，要干脆明了，直接向对方陈述拒绝对方的客观理由，包括自己的状况不允许，受社会条件限制等。这样，往往别人会欣赏你的真诚，而欣然接受你的拒绝。

培养孩子的团队意识

犹太人认为，一个成功的人应该具备很强的团队意识，孩子的团队意识要从小培养，团队代表的是一种团结，团结就会产生更大更多的力量。正所谓“一根筷子容易折断，一把筷子折不断！”这就是团结的力量。不论是在家庭里、学校里还是今后的职场上，都需要团队意识。每个犹太父母从小就会对孩子进行团队意识教育的培养，经常会给孩子们讲蚂蚁团队的故事：

一位科学家曾经把点燃的蚊香放进一个蚁巢。一开始，巢中的蚂蚁惊恐万分，20秒后，许多蚂蚁纷纷向火冲去，并喷射出蚁酸。可一只蚂蚁喷射的蚁酸量毕竟有限，因此，一些“勇士蚂蚁”葬身火海。但它们前仆后继，不到1分钟，终于将火扑灭。存活者立即将“战友”的尸体移送到附近的一块“墓地”，盖上一层薄土，以示安葬。1个月后，这位动物学家又将一支点燃的蜡烛放到那个蚁巢进行第二次观察。尽管这次“火灾”更大，但蚂蚁这次却有了经验，有条不紊地开始协调作战。1分钟不到，烛火就被扑灭了，而蚂蚁无一遇难。科学家认为蚂蚁创造了灭火的奇迹。蚂蚁面临灭顶之灾竟有如此非凡的表现，令人震惊！当烛火烧起时，为了保全生命，众多蚂蚁迅速聚拢，抱成一团，然后像滚雪球一样飞速滚动，逃离出火海。

有一年发大水，聚在堤坝上的人们凝望着凶猛的波涛。突然有人惊呼；“看，那是什么？”一个好像人头的黑点顺着波浪漂了过来。“那是蚁球。”一位老者说，“蚂蚁很有灵性，当洪水来临时，它们会迅速抱成团，随波漂流。蚁球外层的蚂蚁，有些会被波浪打入水中。但只要蚁球能上岸，或者能碰到一个漂流物，它们就能得救了。”不久，蚁球上岸了，然后像登陆艇上的战士，一层一层地打开，迅速而井然有序地一排排冲上堤岸。岸边的水中留下了一团不小的蚁球。那是蚁球里层的英勇牺牲者。它们再也爬不上岸了，但它们仍然紧紧抱在一起。

那么平静悲壮。蚂蚁团队的力量不可思议，令人震撼，蚂蚁之所以会那么团结，就在于每只蚂蚁都有团队意识！

犹太民族就是一个讲究效率、讲究团队精神的民族。《塔木德》上说，每个犹太人都要自觉地从他们会给犹太民族整体带来什么影响的角度，来衡量自己的所作所为、一言一行。正由于这个原因，犹太人在请求赦免罪过时，不说“我”怎样怎样，而一定是说“我们”怎样怎样。因为哪怕是自己一个人犯罪，犹太人也必定认为是集体犯的。在他们看来，犹太人就像一个大家庭，自己犯了罪，也就等于全体犹太人犯了罪。所以，他们必须从“我们”的立场真诚地作出忏悔，然后请求赦免。反过来，自己虽然没有犯罪，比如说偷盗，但如果发现了某个犹太人的偷盗行为，发现者自己也必须向上帝谢罪。

沉默有时是最好的谈判武器

《塔木德》上说：“在某些时候，沉默比什么话术都有效。沉默就是力量。滔滔不绝、口若悬河并不是谈判的全部，立足现实，以异乎寻常的方法反其道而行，往往会成为商场上的最大赢家。”

沉默法是以沉默的方式来使谈判气氛降温，以向对方施加心理压力为目的。当然，谈判时候的沉默并非是一言不发，而是指本方尽量避免对谈判的实质问题发表议论，再适时反击，迫使对方让步。

一家犹太人经营的公司正和一家皮毛公司进行一场贸易谈判。谈判一开始，皮毛公司方代表便滔滔不绝地向犹太方介绍情况，而犹太方代表则一言不发，埋头记录。皮毛公司方代表讲完后，征求犹太方代表的意见。犹太方代表如大梦初醒一般，说道：“我们完全不明白，请允许我们回去研究一下。”于是，第一轮会谈结束。

几星期后，犹太方公司换了另一个代表团，谈判桌上犹太方新的代表团申明自己不了解情况。皮毛公司方代表没有办法，只好又给他们介绍了一遍。谁知，讲完后犹太方代表的态度仍然不明朗，仍是要求道："我们完全不明白，请允许我们回去研究一下。"于是，第二轮会谈又告休会。

几个星期之后，犹太方又派代表团，在谈判桌上故伎重演。唯一不同的是，这次，他们告诉皮毛公司方代表一旦有讨论结果立即通知皮毛公司方。一晃半年过去，皮毛公司方没有接到通知，认为犹太方缺乏诚意。就在此事几乎不了了之之际，犹太方突然派了一个由董事长亲率的代表团飞抵皮毛公司方开始谈判，抛出最后方案，以迅雷不及掩耳之势逼迫皮毛公司方谈判全部细节，使人措手不及。

最后，谈判达成一项明显有利于犹太方的协议。这场谈判能成功的关键在于一句俗话"会说的不如会听的"，听出门道再开口，而开口便伤对方"元气"，不是很高明吗？

在谈判的时候不一定要唇枪舌剑、口若悬河，适时的沉默有时产生的压力足以动摇对方的信心。有些话在某些特定环境中说比较好，但有些话说出来就未必佳，常言道："言多必失，祸从口出。"如果环境不相宜，时机未到，最好以沉默面对对方。

在一位犹太人的家里发生过这样一件事：

一对很恩爱的夫妻，忽然遇到不幸，丈夫遇车祸身亡，给妻子留下一个刚满周岁的孩子和一个年过半百的公爹。女人挑起了养老抚幼的重担。好在公爹做家里家外的活儿是把好手，为了弥补儿子给儿媳带来的不幸，他加倍分担着家里的活儿。

然而，没过一年，公爹却忽然提出要分开过。原来一些好嚼舌头的家伙，看到他们公媳住在一起，竟说起让人难以启齿的浑话来。寡妇听到这些，简直痛不欲生。公爹是个老实巴交的人，怎么可能做出那样的事呢？可是，人言可畏，寡妇门前是非多，这样传下去，谎言也会成为真理。

女人思前想后，打算让公爹单独生活，免得让别人的闲言碎语辱没了清白。但是，女人的妈妈得知这事，找到她，不仅不让她把公爹从家里分出去，还告诉她，对付这些胡说八道的最好办法，就是保持沉默，用无言的行动击碎谣言。女人听从了妈妈的话，像是没有听到过那些话似的，该怎么对待公爹，还怎么对待。慢慢地那些流言蜚语，不攻自破。

在生活当中，总会遇到许多不如意的事，如果处处与别人针锋相对，结果不但没有为自己辩白，反而显得自己没有涵养。如果适时地沉默，对方自然就会知难而退了。

犹太人深知，商业谈判中，一个口误会带来巨大的损失；生活中，一句不经意的话，可能会毁掉之前长久的努力，因此，在生活中有时也要保持适当的沉默。

要学会入乡随俗

犹太人深知融入集体环境之道，他们懂得与陌生人搞好关系就一定要在某方面与他们达成共识，无论是衣着还是行为方式。所以说犹太民族是一个智慧的民族，他们绝不是任何时候都寻求标新立异、与众不同。在谈生意时总会碰到来自天南海北等各个地方的陌生人，如果不能与对方进行平等的交流，会错失很多好的合作伙伴，适度适时地让自己与别人相同也是犹太人的一种交友智慧。当我们无法改变周遭的环境或人时，能驾驭的就只有自己了。

在国际贸易中，犹太人是以精明而著称的，这一点，连老谋深算的日本人都惧怕三分。仔细想想，这与犹太人特殊的历史文化背景很有关系。犹太商人走遍世界，大都至少掌握两种语言，并对各国各地区的文化传统、风俗人情等都了如指掌，这样，在商业谈判中，他们深知对手的优点和弱点，而且，他们也非常善于把别国的风俗人情为我所用，能够因时因地随机应变，从而保证了自己在商业谈判中的优势地位。可以说，犹太商人创造的商业奇迹并非是偶然的。

《塔木德》上说："众人着衣时莫要裸身，众人裸身时莫要着衣；众人就座时莫要站立，众人站立时莫要坐下；众人哭时莫要笑，众人笑时莫要哭。"犹太人懂得，在生活中"入乡随俗"是非常必要的。如果你穿着与对方同样的服装，表现出与对方类似的举止，就会让对方觉得你和他的思想与地位是相似的，对方也就会对你产生好感。

很久以前，有一个地方，人们都裸露着身体，所以，这个地方人称"裸乡"或"裸国"。一次，兄弟二人去裸乡经商。弟弟说："福德很大的人衣食充足；而福德小的人，则衣匮粮缺。今日我们来到了裸乡，这里没有佛法，是道德比较落后的地方。我们前往这里，和他们交流起来比较困难，所以，我们应该入乡随俗，进退要遵循对方的规矩。和他们相处时，心态要平和，语言要谦虚。只有匿慧扬愚，才能不枉此行啊！"哥哥说："礼教不可亏。我怎么会因为他们裸身，就放弃我的礼教呢？"弟弟说："这样做并没有破坏我们的礼教道德啊！因为我们的内心是正的。这就像黄金外表涂了一层铜一样。再说，这仅是权宜之计。我们还是一起进去吧！"哥哥说："还是你先进去看一下，之后回来告诉我具体情况。"弟弟答应了。十天后，弟弟返回来告诉哥哥："必须要遵循当地的习俗。"哥哥听后勃然大怒："畜生！这哪还像人啊！你这样做，我偏不这么做！"于是弟弟又回到裸乡。他随从于那里的风俗，和当地人打成一片。国王很喜欢他，国民也非常敬重他。国王以高价购买他的商品。哥哥乘着车也来到了裸乡，但他执意坚持礼教，指责当地人这里不对，那里不行，违背了民心。国王非常生气，国民也特别讨厌他。有人还抢了他的商品，赶他出国。后经弟弟求情，才免于更大灾难。

只有知己知彼，入乡随俗，才能使其习俗为你所用，促你发展。在与陌生人交往的时候，首先应该使自己在某一方面与他们相似或相同，这样就有了达成更多一致的基础。在融入一个环境的过程中，我们能够驾驭的只有自己，通过自己的改变去适应新的集体才能赢得更多人的好感，给自己创造更多的致富机会。

珍惜身边的人

在犹太人眼中，神创造人时，本来就是希望人能与盘踞在自已心中的邪恶作战。有些人和邪恶搏斗的结果是敬爱神、远离邪恶；但也有些人在这种苛刻而激烈的作战中，一败涂地，成为邪恶的奴隶。而敬爱神，远离邪恶，就会善待朋友，爱护朋友；一个人如果成为了邪恶的奴隶，他就会对朋友都没有好心。

犹太人有一个这样的故事：古时候，有一个国家连年战争，因为要征兵、运粮，所以老百姓的生活非常痛苦，这时前线却又传来失利的消息，国王听了非常生气，他不但解除了将军的职务，而且还把他驱逐出境，另派一位将军接掌军队。

国王怀疑第一个将军有卖国的行为，他很想知道这个将军到底是热爱国家还是憎恨祖国，想了很久以后，他终于找到一把可以用来测知将军忠诚与否的尺子。

国王的主意是："假如我所怀疑的人忠心庆贺继任者的胜利，他一定是一个值得信任的人；反之，如果他对继任者有扯后腿的言语或行动的话，那毫无疑问他一定是个卖国贼，到时，我非定他的罪不可。"

这一则小故事，并不单指一个人对另一个人的态度，而是告诉人们什么是普遍的人性爱。犹太人认为，计量人的价值时，可以看此人是否衷心庆贺邻人的幸福为标准。当自己充满幸福感时，假如有个邻人来共享他的喜悦，这是一件令人兴奋的事。同时，作为一位敬爱神的人，应该是爱别人的。正因为这样，犹太人在艰难困苦中，总有许多朋友，在潦倒和绝望时，友情的力量常使他们燃起希望之火。

把别人的喜悦，当做自己的喜悦；而且也决不把自己的快乐建立在别人的痛苦上，这是犹太人敬神爱人的体现，也是他们杰出的处世智慧之一。

有一个人即将离开他居住多年的城镇，搬到另外一个陌生的地方去定居。临行前，他去拜访拉比，并请拉比给他一些忠告。

拉比给他讲了一个这样的故事："有个住在柏林的犹太人，时常梦见在一个碾房的地下，埋藏了许多等待他去挖掘的宝物。终于有一天，他抑制不住自己的好奇心，决定次日一早便去挖掘宝物。第二天早晨天未破晓时，他就已经起床准备好了，到了碾房之后，他便仔仔细细、小心翼翼地开始挖了起来，可是几乎挖遍了碾房，却仍然没有掘出任何值钱的东西。碾房的房主闻声而至，问他为什么在此地挖掘，当房主听完这人说明缘由后，突然高声大叫：太奇妙了，我也经常梦见一个住在柏林的人，而他的院子里也埋着许多宝贝。房主不但这么说，甚至还指出梦中那个人的名字，说来也真凑巧，这正是那个犹太人自己的名字啊！于是犹太人立刻马不停蹄地回到自己的家里，而且赶忙挖掘院子，没想到他真的挖出许多宝物来了。”

“你知道了吧！”拉比说完故事后，对这位即将移居的人说，“有时自己的院子里也埋藏了许多宝物，只是我们没有去挖掘而已！”

在犹太人的书中有一个这样的格言：“请勿忘怀身边的宝物”。犹太人还有一句类似的格言：“不要老是妄想去坐在国王的餐桌前；你自己家里的餐桌更好，因为在那里你便是国王。”看重自己，善于从自己身上找优势，致力于发掘自己的能力和潜力；同时珍惜身边的人和事，这就是犹太人较之其他民族的处世杰出之处。

在社交中注重礼仪

成功的犹太人在社交和旅游、娱乐休闲等公共场合，十分注意礼仪风度和各项礼节，他们非常注意这些细节，以免发生尴尬、不愉快之事。

欧美国家的人都喜欢举行各种宴会，宴会形式有餐会、野餐。在参加宴会时犹太人都会穿着整洁大方。收到附有 RSVP 字样的邀请卡，也会尽速回复参加与否，决不会弃置不管。犹太人很重视时间观念，答应参加赴约的宴会都会准时赴宴，有事耽误，也会事先告知主人，以免失礼。他们在用餐时决不会狼吞虎咽，更忌讳打嗝，犹太人认为这是很不礼貌的行为。宴会后则会寄出谢卡或以电话向主人表示谢意，并感谢其安排如此一顿愉快的宴会。

在赴宴时犹太人必会遵从以下原则：注意衣着整洁，纽扣一定要扣好，手要清洁，指甲要剪短，胡须应修剪好；和人交谈，要端庄和蔼，彬彬有礼。双方不可靠得太近，谈话声音不可太高；坐时忌跷“二郎腿”，更不能抖腿部；谈话要专注，忌在大庭广众面前耳语。初次交谈切忌打听对方的收入、家产、年龄和婚姻；异性之间交谈时眼睛不能老是盯着对方；在路上与妇女交谈应当边走边谈，不能停下站着说话；与妇女同座时不要吸烟；同相识的妇女打招呼，男方应起立，女的可以坐着回答；到人家家里做客，要先脱帽而后入室；雨天走访，雨具应放在室外，不可穿雨衣入室；夫妻同到人家做客，告别时应当由妻子先起身告辞。

出行坐车，要让客人坐在驾驶座旁边的位置上，以此为上座。走在街上不可东张西望、左顾右盼，不可乱扔东西或随地吐痰。到餐馆就餐，如果与别人同桌，须征得先到客人的同意后方可入座，否则，会被视为粗鲁。男女同行，男的应走在外侧，即靠车行道一边，使女的多一分安全感；开始行走时应让女士先行。出入商店等公共场所，男士应该为女士开门；年轻的应该为老年人开门。乘车坐船，男士应向女士让座；男女同座不要旁若无人地大声喧哗。

犹太人大多非常博学，知识领域非常广，堪称“杂学博士”。因此，犹太人在用餐时，谈话的内容非常丰富，从家常谈话，到娱乐、艺术、各地名胜古迹、动物、植物等天下大小趣味趣事都纳入谈论之列。但是会影响到用餐时愉快气氛的话题绝对不谈，例如有关政治及有关战争、宗教迫害的话题绝口不谈，因为这些话题往往会勾起犹太民族被迫害的痛苦回忆，而且又往往因为各人的看法不一致，引起争议，如此便破坏了乐融融的用餐气氛，另外猥亵的话题也是避而不谈的，这些都是为了在用餐时可以充分享受人生的乐趣。

他们在吃饭时务必要尽量放松心情，慢慢地吃，优哉游哉地谈些轻松愉快的事情，一切恼人的问题都暂时置诸脑后。

礼仪是道德的基本评价标准之一，一个人有礼仪就可以被重用，就能成大事，就能受人尊敬，就能成为别人的榜样。

第 06 辑

自立自强，让孩子从小学会靠自己

在犹太人看来，生存要有两个条件，一是能够自己养活自己，一是能够在生活中自己保护自己。所以，犹太人在孩子很小的时候就刻意针对这两方面进行培养。犹太孩子往往是早早地拥有了独立能力，这对他以后的生活奠定了很好的基础。

接纳孩子喜欢做的事情

为人父母，在任何时候，都不要放弃对孩子的希望和信心，尤其是在孩子最困难的时候。

犹太父母认为，父母所做的一切事情都要顾及到一点：不要使孩子失去对自己的信心。对于孩子喜欢做的事情，应当多鼓励孩子去做，父母应当学会找出一个平庸孩子身上的长处，孩子喜欢做某件事时应当设法去帮助他。孩子在学着做事情时，难免会犯错误，这时做家长的要有意识地避免使用任何言语或行为向孩子表明他是个失败者。不能在孩子大脑中留下他是“笨蛋”的印象。父母必须清楚，孩子做一件事情失败了只能说明孩子缺乏技巧，这种技巧有时是因为父母没有认真地传授。我们应该培养孩子敢于犯错误、敢于失败的习惯，同时保证这样并不会降低孩子的自信心和自尊心。

爱因斯坦在校时，既不聪明也不可爱，相反，别人家孩子已经会说话的时候，他三岁才开始“牙牙”学语。当小他两岁的妹妹西亚都会和邻居交谈的时候，他说起话来还咬字不清，当时，邻居认为他是白痴。他父亲是一名工程师，父亲没有对儿子失去信心，反倒想法设法去帮助他开发智力，父亲给儿子买回了积木，教他搭建房子。小爱因斯坦每搭一层，父亲都会很夸张地鼓励和表扬一次。父亲常常这样激励儿子，在这种激励下，有一次他一直搭到了十四层。到五六岁的时候，他说话能力还是不太好，语言能力仍然很差，一天到晚也不能说上几句话。七岁的时候，父亲才把他送到学校，学校的课程很死板，让他提不起精神，甚至常常写不完作业，所有教他的老师们都认为他是个傻瓜。但是，父亲却鼓励爱因斯坦："我觉得你不笨，别人会做的你也会做，虽然做得一般，但是并不比他们差多少，但是你会做的，他们却一点也做不来。你和他们不一样，我相信你一定会在某些方面比任何人做得都好。"父亲的鼓励，使爱因斯坦振作起来。他的母亲文化修养极高、贤惠能干，她对自己的儿子更是百般的鼓励和疼爱。因为爱因斯坦小时候常常爱提出一些奇怪的问题。例如：玻璃为什么是透明的？时间是什么？什么是空间？别人都认为他是个傻孩子，可是爱因斯坦的母亲却特别欣赏爱因斯坦这种发问的思维，十分自信地认为："我的小爱因斯坦并不笨也不傻，他将来肯定能成为一位了不起的科学家！"就这样，父母总是鼓励，总是给他肯定的暗示，后来爱因斯坦的智力得到迅速的发展，也对科学研究产生了浓厚的兴趣和爱好，最终走向科学研究的巅峰！

从爱因斯坦的故事中，我们可以发现一个亘古不变的真理：家长对孩子热切的期望、坚定的信心和无私的帮助，是孩子成功的重要基础和保证。常有些家长因为自己的孩子不够聪明而对孩子感到失望，甚至把这种情绪"传染"给孩子，使孩子对自己也变得没有信心。殊不知，这种行为只会让孩子感到更加消极，长期下去，就会思维僵化、反应迟钝。实际上，无所谓天才，一个天才儿童的智商与平常儿童相差无几。爱迪生曾说天才是努力、勤奋加上尝试。做父母的应当善于发现孩子的长处，并支持和鼓励孩子完善他的长处和优点，对于孩子喜欢做某件事应当设法帮助他。孩子爱听音乐，说不定将来就是莫扎特；要培养自己的孩子努力发展他的长处。

在劳动兴趣中培养自立精神

犹太人父母认为只有精明和勤奋的人才能有所成就，因此，他们将培养孩子热爱劳动、教育孩子德智体全面发展，当作早期教育的重要组成部分。他们要利用幼儿期和儿童期这个身心发展的重要阶段，对他们进行劳动意识的培养和教育，让他们在轻松愉快、各种劳动过程当中获得一些最基础的兴趣和成就感，让孩子从小就意识到“自己能做的事情就自己做。”

在犹太人中流传着这样一个故事：从前，在某城镇里有一个人既没有谋生的手段也没有一技之长，每天过着困苦的生活，只能靠在城里乞讨度日。城镇很小，他整天就在那几条街上晃来晃去，也总是去那几户人家讨饭。起初，人们感到他可怜，出于同情心，见他来讨还给他吃的，但时间长了，人们就感到这个人很讨厌，之后，没有人再愿意给他一点食物，他只能忍饥挨饿。有一次，有个马医因为有太多活忙不过来，急需找一个帮手。于是，这个乞丐就主动找到马医，请求在马厩里给马医帮忙打工，混口饭吃，不再挨饿。就这样，他再也不去街上乞讨为生了，晚上也不再漂流在外了，终于可以有安定的生活。日子渐渐也变得充实起来，干活也有了精神，他也格外卖力。有人取笑他说：“马医本来就是一个被人轻视的职业，而你只不过是去混口饭吃，去给马医当下手、打杂，这不是莫大的屈辱吗？”这个乞丐没有生气，只是平静地说：“对于我来说，天下最大的屈辱莫过于当寄生虫，靠乞讨为生。过去，我为活命，连乞讨都没感到羞耻；

如今能帮马医干活，用自己的辛劳养活自己，这又有什么屈辱的呢？”

只有那些既悟出了智慧又有能力维持生计的人，才算是选择了正确的人生方向。那是一条能受别人赞誉、能给自己荣耀的道路。故事中那个人后来做了马医下手，帮助马医干活，他的心态是正确的，劳动自古以来就没有什么高低贵贱之分，在任何环境下，只要能自食其力就算是对得起自己。

从小培养劳动光荣的观念对孩子来说非常重要，这一点是值得父母借鉴的。让孩子喜欢上劳动，首先要孩子感到在劳动中能获得乐趣，比如让孩子学习做家务的时候，既要让孩子感到这既是在学习，同时，也是在游戏。要让孩子感到干活做家务是件快乐的事。这需要父母学习一些方法，也需要时间和耐心。只有在自动自发、愉快的环境下才能达到教育的效果。

同时，随时教授孩子一些劳动的技能也是非常有必要的。由于孩子童年时期较小，做事时可能帮了倒忙，比如洗碗反而打破了碗，这种时候不应该责备孩子，更不应该停止教孩子做事，应当教给他一些做事的技巧，因此父母在选择劳动项目时应提前考虑好，是否有利于孩子的成长和学习，然后再做出决定。犹太人有个原则值得各位父母借鉴，就是发挥孩子的长处，为他选择相关联的劳动项目。

犹太父母认为，孩子不论是聪明早慧，还是大器晚成，他们取得的成绩都和环境有直接的影响。良好的发展、健康的成长以及坚韧的性格，都与孩子本身是否勤奋努力有着密切的关系。因此，有意识地培养孩子的劳动习惯，对于他们今后的发展非常有帮助。

成功需要独立自强作基础

犹太人能够发展到今天，很大程度上是由于他们拥有很高的智慧。在犹太人的教育中，有这样一句话“因为你是个犹太人，要获得成功就必须付出超常人一倍以上的努力”。在犹太社会中，犹太人教育孩子成才的几率非常高。犹太人从来不溺爱和娇惯孩子，因为种族歧视使他们有一种强烈的危机感，不管他们拥有多少财富，他们始终都会按照一个真正犹太人的标准来要求自己的子女。犹太父母也经常会给自己家的孩子讲这样一个故事，以告诉孩子学会独立生活的重要。

在炎热的夏天，蚂蚁们一天到晚都很忙碌，辛勤的工作，日复一日，年复一年。而蟋蟀呢？天天“叽哩叽哩”地唱着，游手好闲地混着日子。蟋蟀对蚂蚁的忙碌很奇怪，于是就上前去问蚂蚁：“喂！蚂蚁先生，田间有这么多的美味，你为什么还要费那么大力气搬运呢？偶尔休息休息唱唱歌，像我这样不是很惬意吗？”蚂蚁仍然继续干着自己的活，一点也没有想要停下来的意思，边干边说：“只有在夏天里才能积存到食物，赶快为严寒的冬日做准备啊！我实在没有闲功夫唱歌玩耍！”蟋蟀听蚂蚁这么说，就不想再理会蚂蚁，说：“啊！真是愚蠢的笨蛋，干嘛老想以后的事情呢！”很快夏天、秋天过去了，冬天来了，寒风呼呼地吹着，天空中还飘着绵绵的雪花。因为到处都是雪，蟋蟀没有藏身之处，也没有一点食物充饥，因此它消瘦得皮包骨头。这时，它才感慨地说道：“在夏天里贮存食物该多好啊！”蟋蟀眼看就要饿死在雪地上了。

而蚂蚁一点也不怕严寒的冬天，因为它积存了过冬的粮食，并且建了温暖的家。当蚂蚁惬意地吃着东西时，蟋蟀看见了蚂蚁，“蚂蚁先生，请给我吃点东西好吗？我快要饿死了！”蚂蚁看到蟋蟀可怜的样子，吓了一跳，“咦！你不是在夏天里整天又唱歌、又跳舞的蟋蟀先生吗？来吧！给你吃点东西，等你活过冬天，再给我唱歌听好吗？”面对着蚂蚁，蟋蟀无地自容。

犹太父母在孩子早期的教育中就很重视培养他们自食其力、独立生活的能力和性格。自强自立就是要孩子知道幸福的生活是需要自己辛苦去挣，是需要付出劳动和努力的。不要等天上掉下馅饼砸到自己身上，这样的好事是绝对没有的。他们培养孩子拥有这样的信念：遇到困难时，自己想办法去解决；遇到挑战时，自己勇敢承担或者反击；面对任何困难时都不要轻易服输或者向困难低头，经历风险无所畏惧。

在犹太法典上说：5 岁的孩子可以做你的主人；10 岁的孩子可以做你的奴隶；到了 15 岁，子女和父母关系平等，就没有孩子了。”在五旬节（或称收割节，是犹太人的三大节期中的第二节期）内，年满 13 岁的孩子就都要参加隆重的成人仪式，表示自己是真正的犹太人了，就要开始承担宗教的义务。

自信和勇气是迈向成功的阶梯

自信是人生最宝贵的精神财富。犹太教育家曾经说过：“自信心对于事业简直是一种奇迹，有了它，你的才干便可以取之不尽，用之不竭；一个缺少了自信的人，无论他有多大的才能，也施展不出自己真正的才华。”因此犹太人认为自信乃是成功的阶梯。

很多时候，那些阻碍我们使我们不能成功的原因，并不是我们能力的大小，而是我们的心态不好。当孩子心态消沉时，就会觉得自己一无是处，就会自暴自弃。如果父母不能及时鼓励孩子调整心态，那父母的教育便是失败和悲哀。这时就要鼓励教育孩子一定要振作起来，要自信，自信了就容易找到希望。犹太人的父母非常注重孩子自信心的培养，犹太父母经常会给孩子讲一些故事，来培养孩子的自信心。

世界著名的游泳高手弗洛伦丝·查德威克从卡德林那岛游向加利福尼亚海滩。十几年前，她曾经游过英吉利海峡，到现在她仍想再创一项世界纪录。一次，她游近加利福尼亚海岸时，已经在海水里泡了将近16个小时，全身一阵阵地寒颤，嘴唇已冻得发紫。远方雾气茫茫，她根本难以看清伴随着她的小艇。查德威克感到很困难，难以坚持下去，她向艇上的朋友们发出求救信号说："把我拖上去吧，我不行了。"艇上的人们纷纷给她鼓励，劝她不要向困难低头，让她再坚持一下。"就只有一英里了。"他们告诉她。浓雾挡住了她的眼睛，使她难以看到海岸，她以为他们在骗她。"把我拖上去。"她再三请求。浑身湿淋淋、冷得发抖的查德威克被拉上了艇。后来，当她对别人谈起此事时就说，如果当时她能看到陆地，就一定能坚持到终点，在那时，只是大雾成为了一个阻碍，阻止了她胜利。

实际上，阻碍查德威克成功的并不是大雾，而是她的内心。两个月后，查德威克又一次尝试着游向加利福尼亚海岸。浓雾还是笼罩在她的周围，海水刺骨冰冷，这次她同样看不见对岸的陆地，但她坚持着，她坚信陆地就在前方不远处；她奋力向前游，因为陆地就在她的心中。她终于成功了。

查德威克的成功，靠的就是信心和勇气，她失败了一次后，找出了失败的原因，随后有了重新挑战自己的意志和力量，具备了挑战困难的素质。犹太父母常说："孩子的潜力是巨大的。"但是，对孩子要求过高、期望过高，远远超出孩子的能力时，会对孩子的发展极为不利。因为，孩子一旦没有达到父母所要求的那个标准，就得不到父母的鼓励和表扬。长此以往，父母就有可能经常批评和训斥孩子，孩子逐渐就会失去信心，变得消极，对学习毫无兴趣。特别是对年幼的儿童来讲，自我意识正在完善的过程中，由于长期的挫败感，会使孩子形成一种无形的自卑心理，甚至自暴自弃。

帮助孩子确立人生目标

明确的人生目标，是一个人获得幸福和走向成功的一个重要的因素。如果一个人没有明确的人生奋斗目标，就会迷失方向，就像大海中的船没有了航标灯，只能在海上随意漂浮，迟早会被大海所淹没；相反，一个人如果有了明确的人生目标，并且能对自己设定的目标执着追求，就会发现你所有的行动，都会引导你朝着这个人生目标行走。

爱因斯坦能够最终获得如此大的成功，是因为他树立了远大目标，并为之付出艰苦卓绝的努力。犹太人因其民族的特性和所处的环境，从小就怀有远大的志向，确立人生的奋斗目标。教育孩子要抓住人生有限的时间和力量，去实现把握一个目标，而且从头到尾，即使有失败，也绝不放弃，在逆境中成长，做强做大。

有一个年轻的大学生在河边散步的时候，发现一位犹太老人摆了一个捞鱼的摊子，他向有意捞鱼的过路人提供鱼网，让过路人捞鱼，并承诺捞起来的鱼都归捞鱼人，只须支付便宜的网费即可。年轻人很高兴，一时童心大发，蹲下去便捞起鱼来，不一会儿功夫，一连捞破了三只鱼网，但是一条小鱼也没有捞到。

年轻人见老人正笑眯眯地看着自己，心中以为老人正有意取笑他，便不高兴地说："你这网子做得太薄了，我没费多少力气怎么捞了一会网就破了呢，这样的话又怎么能捞到那些鱼呢？"老人回答说："年轻人，你想想，当我们追求一种成功的时候，心里便只是想着那个结果，你越是看重成功，害怕失败，反而会更容易失败。所以，当你拿起渔网只是想捞最大的鱼时，结果一条小的也没有捞着，这跟渔网本身没有太大的关系。我们很多时候追求大的、追求好的并不是件坏事，但先要了解自己的能力，衡量自己水平的高低，再决定去追求符合自己的目标，这样才更容易成功！"年轻人似有所悟地缓缓点头。"年轻人，捞鱼的哲学很多时候和我们人生是相通的！例如世人所追求的爱情、事业、金钱等。什么能力匹配什么样的结果，当你选定一个目标的时候，一定要使自己的实力和这个目标相匹配。"

拉比告诫世人说：每个人都要珍惜自己的一生，人虽然不能知道自己生命的长短，有的人能长命百岁，有的人却英年早逝。但无论怎样，每个人都有一段宝贵的人生，生命对于每个人来说只有一次。因此，在这有限的生命里确定一个人生目标，通过奋斗去实现自己的愿望。

在现实社会生活当中，有很多人可能失败，归其原因并不是因为缺少能力，而是缺少一个明确的方向和明确的奋斗目标。犹太人自古以来不管是从商、从政还是从事科学研究，都非常注重人生目标的确立。首先是确立目标，然后全力以赴向目标迈进而最终取得成功。目标能决定一个人的一生，它能激励人不畏千辛万苦，充分发挥人潜在的能力。

凡事都要付诸行动才能成功

人生在世，任何成功都不是靠空想得来的，一切从行动开始，凡事都要付诸行动才能获得成功。行动前一定要计划好，并且按照计划完成，看结果找出不足的原因，定期检查已取得的进步。犹太人认为，工作不一步步展开、不行动或者半途而废，最后肯定会以失败告终，这不仅浪费了自己的精力与财力，而且又耽误别人的时间与效益，并且一些较好的经验也跟着付之东流了。事实也正是如此，一切成功都是从行动开始的。

奥纳西斯是著名的船王，非常富有。他有一个儿子和一个女儿，儿子叫亚历山大，女儿叫克蒂娜。奥纳西斯准备让儿子接手自己的事业，对他寄予了厚望；对女儿则百般宠爱，因此克蒂娜长大后成了一个娇生惯养和挥金如土的人，而且养成了傲慢孤僻的性格。然而，“计划赶不上变化，天有不测风云。”船王的第一任妻子和第二任妻子都相继和他离异了，他的爱子亚历山大又丧命在一次飞机事故当中。由于经受不住如此残酷的打击，不久，老船王就撒手归西了。克蒂娜成了唯一的继承人，顺理成章地成为了庞大的奥纳西斯王国的女王。她的父亲去世之前，她是一个挥霍无度和不问世事的公主，而现在不得不面对眼前的一切，她郑重地宣布：“先生们，从现在起任何需要商讨或者决定的事都一定要先向我请示。”在董事会上，她俨然就是一个唯我独尊的女王。她后悔当初对父亲让她学习不理不睬。父亲曾经带她到纽约船运公司学习业务，但是，她总是应付了事。她此刻才深深意识到自己才疏学浅，业务上毫无所知。克蒂娜一反常态，她决定一切要从头开始。她虚心地向公司的技术人员和高级职员求教，学习企业管理经验和海运方面的知识。克蒂娜还仔细阅读了父亲留下的笔记，笔记里面记载了他发财致富的奥秘，记载了老船王的叱咤风云。就这样克蒂娜经过一段时间的学习、思考和实践，终于以一个自信、能干和机敏的女强人姿态出现在世人面前，并引导公司安全地度过了大萧条时期，使家业得到了新的发展，同时她也成为了世界上最富有的女人之一。

从克蒂娜的例子可以看出来，人只有拥有丰富的知识和技能才是真正的富有，使伙伴和下属甚至对手信服，才可以稳当地取得事业上的成功。想要拥有知识就一定要付诸行动去学习，更要从一点一滴做起。千里之行，始于足下，成功不再是一个遥远的梦。敢于梦想，更要勇于行动。

犹太人认为，不论你身居达官显位，还是平民百姓，不论你奔波于闹市，还是栖身于世外桃源、田园山水，只要勇于行动并专注你的目标，就能置常人眼中的得失、荣辱、毁誉于一旁，就能拥有笑傲人生的豁达与潇洒心态。

人生是一场漫长的分期投资，而成功则是对这场分期投资的一次性回报。孩子的成功始于行动，在行动中获得成功，才使生命更有意义与价值。

一定要全面了解和正确认识自己

犹太人说：要想获得成功就一定要正确地认识自己。犹太人坚信“天生我材必有用”，并且还注意把自身的潜在能力发挥到极限。任何一个人都需要对自己做一个全面的了解和认识，无论是对自身的相貌形象和性格中的优点和缺点、品德和才能以及人生的过去和现状，自己的责任和价值等，都需要有一个全面的认识。在希腊帕尔纳索斯山南坡上的神殿门上面，写着这样一句话："认识你自己，比认识别人重要得多。"古希腊哲学家苏格拉底最爱引用这句格言来教育别人。犹太家长们在平日教育孩子时也常引用这句话。

纳西出生在阿青肯斯的一个小镇上，在她年少的时候也像大多数青少年一样，有着生涩、害羞的性格，对自己的未来一片朦胧，没有什么计划。她一直觉得自己就像一只丑小鸭，可是纳西拥有比外在美更美的特质，她风度稳健，气质清新。她更像一块璞玉，稍加琢磨就能大放异彩。她认识到自己这一重要方面后，决定要把自己的内在美展现出来。于是她去学习仪态，练习健美，之后参加选美比赛。在比赛中虽然她没进入决赛，但她并不灰心，相继她又去参加了比赛，直到参加第16次选美比赛时，她最终当选了阿青肯斯小姐，最后还成为了富有魅力的美国小姐。之后她带着她那份芬芳自然的内在气质走进了娱乐界。最后成为了一个非常出色的艺人。

爱因斯坦在念大学的时候，有一次教授佩尔内对他说："你在工作中不缺少学习和勤奋，但是缺乏方法和能力。你为什么不试试学习法律、医学或哲学，而非要学习那些抽象的物理研究呢？"幸好那时爱因斯坦能够正确地了解自己和认识自己，因为他深知自己在理论物理学方面有特别的兴趣和才能，所以没有听从那个教授的话。否则，他就不会在物理科学这方面获得世界瞩目的成就了。

犹太人教育孩子的方式总是很特别，他们首先教育孩子树立正确的自我观念，要他们正确地对待和认识自己、正确对待和认识别人。摆正自己在集体和生活中的位置，这样才能更好地变换自己，适应复杂变化的社会环境。特别是孩子在青春期的时候，这也正是自我意识发展最旺盛的时期，因为自己对自我的认识并不太符合自己的本来面目和实际情况，必须借助父母或团体的力量。

救别人前先要学会自救

犹太人一直都相信，只有懂得珍惜和完善自己，才会真正懂得、才真正有能力去帮助别人。犹太人在不断地完善自己，他们的生存和自救能力是举世闻名的。一直以来，无论做什么事情，我们都会给自己寻找一个依靠，哪怕是虚拟的依靠，还常会以“车到山前必有路”为自己的依赖和懒惰找一个借口。但是现实的残酷时常是：当你真到山前时，山就在那高不可攀地耸立着，却根本就没有路可走。犹太人说，集体的智慧和力量当然重要，而在面对生活时，只有学会做自己的救星，才能更好地立足于社会。

2000年10月的一天下午，美国一位大自然爱好者尼尔·巴特勒，开着一辆越野吉普车，来到了加拿大西部的无人区。他下了车，行走在一处雪地上，意想不到的事情发生了，一只捕熊器牢牢地夹住了他的一只脚。剧痛让他跌倒在地，然而更可怕的是，晚上该地区的温度会降到零下几十度，到不了第二天，整个人就会被冻死。苦苦思索的巴特勒，毅然决定自救，他开始动手截肢。巴特勒从工具袋里摸出一把弹簧刀，反复用雪擦洗、消毒；接着将自己头上戴的棒球帽咬在嘴里，防止在疼痛时咬破舌头，卷起裤腿，然后，在尽量靠近捕熊器所夹的脚部狠下心下了刀。一个多小时后，巴特勒截肢成功了，他从捕熊器中把自己解救了出来。忍着剧痛，他临走时也没忘记用雪埋好断肢，希望医生能将它重新接上。然后，他点燃了打火机，灼烧伤口消毒，用布包好伤口。他用尽全力地爬上吉普车，驱车150公里，以坚强的意志，来到森林附近的一个医疗站。经过医生的抢救之后，巴特勒保住了生命，但他的那只截下的脚由于时间过长，最终无法接上了，后半辈子他必须靠拐杖行走，但他还是一如既往热爱着大自然。

我们不得不佩服巴特勒的自救能力，他能在困境面前，以超乎寻常的冷静和勇敢，以惊人的自救能力逃离死神。试想，如果巴特勒只是一味地等待别人的救援，那么他可能就没命了，在零下几十度的环境中度过一夜，是无法想象的。人类要生存，前提就是要学会自救。当海明威笔下的老人与风浪搏击时，老人是无助的，但是他凭着硬汉的精神，最终得救了；当空中王子阿迪力挑战高空生存纪录时，他是孤独的，但是他凭着娴熟的技巧，最后成功了！

曾经有这样一个问题："有人落水，如果你见到了，你会怎么办？你会去救人么？""当然不会，因为我不会水，旱鸭子又怎么救人呢？"一些不会游泳的人回答说。是的，要想救人只有先学会自保，唯有先自救，才能救人。

学会自救，是成功的基石，是我们生存的保障，也是融入社会的必要条件。中流砥柱，只有不被水流冲动，才有可能成为坚实的桥墩。生命是一个不断学习、不断成长的过程，在我们必须面对的众多人生功课中，学会自救是最重要的一课！

自己的事情自己做

不要让孩子依赖别人，“自己的事情自己做”是每一个孩子都应该做到的，当然这并非孩子天生就会，它取决于每位父母如何培养和教育自己的孩子。否则就会让孩子形成一种依赖的性格，依赖是成功的大敌。父母如何培养自己的孩子形成独立的性格呢？最简单的方法就是培养孩子“自己的事情要自己做”。犹太父母在孩子小时候，就讲给孩子听：自己的事情要亲自去做，要靠自己，哪怕完成的结果没有别人好。只有一次次的不好，才能换来以后的好。如果依赖别人，那么你的一生将始终与贫穷和低声下气为伴。如果孩子有了自己的能力和地位之后，那么与家人和社会的沟通才会变得更加容易，才能更好地来适应环境的变化。

有一个小男孩，在他还不到1周岁时，妈妈就牵着他的小手，带他到附近的公园去玩。在广场上有很多阶梯，他对此很感兴趣，要自己往上爬。他的身体很胖，此时，还不能掌握身体的平衡，他只能使尽全部的力气用他的小手往上爬，妈妈只是在一旁看着，并没有打算抱他上去的意思。于是，当他爬到第二个台阶的时候，看到阶梯很高，感觉很害怕了，就扭回头去看妈妈。这时，妈妈也没有伸手要扶他的意思，只是眼睛里充满了慈爱和鼓励。小男孩接着又抬头向上看了看，继续手脚并用地小心向上爬，他放弃了让妈妈抱的想法。虽然，他爬得很吃力，小屁股翘得老高，小手也脏兮兮的，努力了一阵子，他终于爬了上去。年轻的妈妈这才迎了过去，上前拍了拍儿子身上的脏土，在他那通红的小脸蛋上亲了一口，然后一把抱住了勇敢的儿子！这个小男孩后来成为了美国第16届总统，他就是林肯，而这位年轻的妈妈就是林肯的母亲南希·汉克斯女士！

犹太人在教育孩子自立的同时，还教育他们要有责任心，也就是说，自己的责任一定要自己担当。再富也不能富孩子，现在的父母可能都比较富裕，都舍不得让孩子吃苦受委屈。事实上，让孩子吃点苦有助于孩子的意志锻炼，有“台阶”让他自己爬，这样孩子才能“一鼓作气”，爬上高峰。有责任感是一个人日后要立足于社会、获得事业成功与家庭幸福的至关重要的人格品质。只要孩子有一定的能力，就应当让他承担责任。自瞒和自欺其实很容易，但无法逃离世人锐利的眼睛。所以说，自己的责任一定要自己先担当起来。

鼓励孩子完成自己的事情

犹太人认为，每个孩子都是神圣的，犹太家长除了教育孩子认识自己外，还教育他们学会展示自己。在我们的生活中，当看到别人家的孩子表现得杰出时，有不少父母就会埋怨自家孩子表现不好，一无是处。事实上，每个孩子都是非常有潜力的。父母要想方设法发挥出孩子的潜力，这是父母应当尽力去做的事。让孩子学会表现和展示自己，这样才能更有助于孩子的发展和成长。很早以来犹太人在展示自己的强项这一方面就做得很好。

一个安息日的午后，罗马皇帝去拜访一位要好的拉比朋友。皇帝事先并没有与拉比打招呼，但皇帝在拉比家过得还是很愉快。在吃晚饭的时候，餐桌的边上还有人唱着圣歌，或者谈些《塔木德》上面的事。皇帝非常高兴，走时，表示下星期二还要来访。下个星期二到了，在皇帝还没来时，人们就事先作好了准备，将最好的食物和器具都摆了出来，安息日时休息的仆人们这时候也出来侍候这位皇帝，上次因厨师休息只好吃凉菜，这次不同，有很多现做的热菜和新鲜的点心。尽管如此，皇帝还是觉得上个安息日吃的东西好吃，于是，就问拉比："上次菜里用了什么香料？"拉比回答说："尊敬的罗马皇帝，您没有办法拿到那种香料。"皇帝自负地说："不可能，不管什么香料我都可以得到手。"拉比说："皇帝，只有'犹太安息日'这种调味料，不管罗马皇帝您怎样地使劲也弄不到手。"

有一次，有位拉比来到罗马，正好看到街上新贴出一张布告，上面写着："王妃最近遗失了一副价值连城的首饰。如有人在30天内找到首饰并且送还，将给予重赏；但30天后被发现持有此物者，将处以刑法。"后来，这位拉比于无意中发现了这副首饰。不过，他没有立即送还王妃，而是一直等到第31天，才来到王宫，当面送还。王妃喜悦过后，问他："30天前贴出布告时，你有没有在这里？"拉比说："我就在城里。"王妃脸色大变："过了30天才送来，你知道这么做会有什么后果吗？"拉比坦然地回答道："我知道。"王妃觉得奇怪："那你为什么要保管到第30天呢？如果昨天或者更早送来的话，你可以得到重赏，难道你不想要得到重赏，也不想要自己的生命了吗？"拉比凛然正色说道："如果有人在30天内送还您的话，王妃会认为这个人是畏惧您还是对您有敬意？我想告诉您的是，我到今天送来决不是畏惧您，我所畏惧的是神。"王妃听后，连忙说道："那么，我应该对具有这种伟大精神的您，表示深深的敬意。"

在现实生活中，父母在很多时候会在孩子不经意间，向孩子们展示自己多么的有能力、有魄力、有气力。例如，说出一些这样的话："你怎么回事，把房间搞得这么乱？""你怎么把衣服给穿反了？"向孩子暗示，他们自己是多么无能，是多么缺乏经验。父母这么做就会使孩子们慢慢地失去做事和生活的信心，失去自己再去积极努力和探索追求、去锻炼自己的自觉性和追求的兴趣。同时，他们也会忘记通过各种磨炼才能够成就自己，使自己成为一个真正成功和有用的人！

从小培养孩子的独立意识

犹太人的现实生活，几乎都是处于动荡的逆境之中。如何在逆境中求得生存和发展，把握住自己的命运，是每个犹太人都在思考的问题。长期的流浪和居无定所，使他们在艰苦恶劣的环境中树立了一种独立的生命意识。而对于后代，在他们孩提时就被灌以独立的意识。

每个人在童年时，都有一颗纯洁的心，他们并不知道世界的真实面目，只觉得世界很美好。他们不仅相信自己而且信任周围所有的人。如此天真单纯的人，是无法应付复杂的人类社会的，由于犹太人生来就处于逆境之中，生存的环境对他们来说更可谓是充满荆棘。要适应这个环境首先就必须懂得怎样对待自己和他人。因此，犹太人教育自己的孩子要相信自己，除了自己以外，任何人都是信不过的。

为了达到让孩子们不信任别人的目的，父母时常担任坏角色，不断地骗自己的孩子，同时让孩子清楚地意识到自己的双亲在骗自己。每次上当受骗，都会使孩子们意识到，父母也是信不过的，自己至亲的人都信不得，还能去相信谁呢？

三岁的迈克有一天在客厅里和姐姐玩游戏，当他们玩得正高兴的时候，父亲抱住小迈克，把他放在壁橱的上面，并伸出双手做出接住他的样子。迈克为父亲参加他们的游戏而感到十分高兴，他望着父亲，毫不犹豫就往下跳。在跳下来的瞬间，父亲却缩回了双手，迈克重重地摔在地板上，号啕大哭，他向坐在沙发上的妈妈呼唤。可是，妈妈却若无其事地坐着，并不去扶他，而是微笑地说："啊，好坏的爸爸！"父亲则在一旁站着，用嘲弄的眼光望着可怜的迈克……

在中国人看来，这样做未免残忍了些，可是，犹太人认为这是很正常的、合情合理的。他们说："像这样重复五六次以后他们就不敢相信别人了，这样做的目的无非是让他们知道：世界上没有一个人是完全值得相信的，连亲生的父母都不例外，唯一可以信任的就是自己。"这种只相信自己的思想，是孩子们独立意识形成的基础，它使犹太小孩从小便有独立生存的意识存在。他们相信只有自己才能养活自己，靠别人来养活绝对是天真的幻想。因此他们在任何条件下，都能顽强地生存下去。他们凭靠的是自己的能力，再加上强烈的生存意识，他们当然能找到赚钱的好办法去解决自己的生活问题。

这种"唯我可信"的做法，也使他们在处理所有事务时，小心谨慎，认真思考后再做出抉择，所以他们很少上当受骗。当然，这种培养孩子独立意识的做法，在我们看来虽有些残酷，但绝对理智！它正是犹太民族长期流而不散不亡的一个重要原因。在长期的流浪生涯和被人排挤中顽强生存下来的犹太民族自然会对他人疑窦丛生。商业经营者是作为独立掌握自己命运的市场经济一分子，首先应具备的便是这种理智的独立意识与智慧意识。这种意识还构成了犹太人自我保护的防护膜，使他们从不陷于别人的商业陷阱。犹太人正因为不轻信别人，不被许多事物的表象所迷惑，所以才能在生意场上纵横捭阖，成就卓然。

相信自己的思想，是孩子们独立意识形成的基础，它使犹太小孩从小便有独立生存的意识存在。他们相信只有自己才能养活自己，靠别人来养活绝对是天真的幻想。

第 07 辑

恪信守约，信守承诺是犹太人的习惯

犹太人是天生的商人，商人的最大本钱不是资金而是信用。订立契约是犹太人千百年来形成的做事习惯，而遵守契约更是犹太人矢志不渝的做事底线，不讲信用的事情犹太人不做，因为他们相信，一个人丢了信用便也丢了一切。

没有规矩，不成方圆

犹太人是最讲究契约和规则的民族，犹太教有“契约宗教”的美誉，如果没有契约规则也就没有了犹太人。被誉为“上帝与犹太人的签约”的《羊皮卷》上说：“人之所以存在，是因为与上帝签订了存在的契约之故。”犹太人远在神话时代，就已经是重视契约的理性主义者了。在犹太人的信仰中，违反契约必遭上帝的严厉惩罚，相反，若信守约定，上帝则会给予幸福的保证。

犹太母亲在教孩子学习《圣经》的时候，往往会先告诉孩子上帝耶和华和犹太人之间的契约和规则关系：

犹太人是他从万民中挑选出来的，要犹太人做他的“特选之民”。耶和华对犹太人显身说：“我是全能的神，当你在我面前做完全人，我就与你立约，使你的后裔极其繁多。”这样一来，规则也就形成了，即犹太人要做完美的人，听从上帝的安排，并信奉他作为世间唯一至高无上的主。而规则双方的地位是平等的，无论是上帝还是犹太人都不能违背契约。由于犹太人后来违反了契约，上帝十分生气，于是就发洪水惩罚他们。等洪水退了，上帝就降下彩虹作为这次契约的见证。而犹太人也要遵守这个规则，那就是凡犹太男人出生的第八天必须施以割礼作为遵守规则的见证。如果他不同意就是违反规则，那上帝就可以把他“从万民中剪除”。

因此，犹太人自小就特别讲究规则和契约，他们认为契约是人能够存在的理由和根据。也正是犹太人恪守法律契约，才造就了这个民族的与众不同。

那么，为什么非要有一个规则呢？我们可以随便找出一个事例来说明。

有一辆拥挤的公交车驶来，进了站台，车门打开，大家一窝蜂似的往上涌，结果，年轻力壮的人挤在了前面，而年老体弱的被挤在了一边。车上的人也十分着急下去，却由于上车的人挤得太厉害而无法下车，下面的人又因为车门被堵而无法上车，无数人的脚被踩，无数人的东西被挤坏，经过很长时间的喧闹，车才勉强开动。大家纷纷叫着、骂着，整个车站一片混乱，这是一个没有规则的车站通常出现的一幕。而在一个规则存在的车站，情况就大不一样，所有的人都在安静地等待，车来了，大家按照先下后上的规则有序地上下车，大家为年老体弱的人让座，车厢里整洁有序。这就是规则带给人们的方便。

正是规则意味着井然有序的活动，保证了整个活动的高效率，因此才需要高度地崇尚规则意识。

犹太人从小就接受《羊皮卷》的教育，深切地了解恪守契约的重要性。犹太人在孩子时代就被耳提面命必须知道三件事：谁是领导，什么是原则，将由谁来执行这些原则。因此，犹太人做事情也就形成了这样的习惯：无论是什么事情有了契约，形成了规则，他们就觉得放心、保险，倘若没有形成合同，也没有规则，即使条件再优惠，他们也绝对不会做的。

犹太人在生活中讲究规则，在商务上，他们也同样地重视规则，典型的例子就是犹太人在经营的时候，决不偷税漏税，也极少做违法的事情。在犹太人看来，偷税漏税是可耻的行为，是一件让人痛恨的事情。犹太人说商人和国家是有规则的，国家提供了经营的条件和管理的责任，那责任的另一方商人就应该履行对国家和社会的责任——交纳赋税。如果大家都不遵守这样的规则，那么这个国家就不会存在了。这个社会和国家之所以存在，是由于大家都遵守了这样的规则缘故。而犹太人之所以成为一个令世人敬仰的民族，其秘诀无外乎自小便恪守心中的守法二字。

游刃有余地固守法律

在教育子女守法的问题上，很多家长往往会陷入这样的困境：若完全按照法律明文教育孩子这个能做那个不能做，孩子往往会形成一板一眼的固守法律的定式思维；若不以善恶教导，则孩子往往会走上“以善小而不为，以恶小而为之”的歧路。而素来看重立约，并以信守合约为立身之本，有“契约之民”美誉的犹太人是如何教育孩子，并游刃有余地固守法律，运用法律的呢？

犹太人教育孩子要守法守约，但同时又教导孩子：“即使是再坚固的城墙，也一定能找到突破口。人没有完人，所以由人制定的法律和契约也不会是完美的。”犹太人遵守规则，他们不会触犯明文规定的法律，但是犹太人却精于在规定之外的地方想办法，创造性地利用法律的手段和通过契约达到自己的目的。

所以犹太人时常会给孩子讲这么一个故事：

一位富翁临终之前身边一个亲人也没有，他唯一的儿子还在远方无法回来，眼前只有一个奴隶。于是他就立下了遗嘱：“我死之后我的全部财产归奴隶所有，其他人不得动用，然而我儿子可任意选一件物品为他所有。”写完之后，就咽了气。

儿子回来之后，见到遗嘱不由得大怒：“父亲怎么会把他一辈子辛辛苦苦积攒下来的财富全部都给了奴隶，而只给自己一件物品呢？”他百思不得其解，于是去请教村里的拉比。拉比听了，微微一笑，对他说：“你父亲真是聪明，他给你留下了他的全部财产啊！你再好好看看你父亲的遗嘱吧。”

他拿起遗嘱看了半天，还是不明白，拉比只好直接说：“遗嘱上不是说得很清楚吗？让你任意选择一件物品，倘若你选择了那个奴隶，不就是选择了全部的财产吗？这样看起来，你的父亲真是十分英明啊。”

富翁的儿子这才恍然大悟，明白了父亲这样做的良苦用心：如果父亲死了，自己不在他的身边，奴隶可能会带着财产逃走，连丧事也不办，并且还封锁这个消息。因此，父亲才把全部财产都送给奴隶，就是为了稳住奴隶，好让自己回来再收回这笔遗产，所以才立下了这样的遗嘱。

从这则故事中可以看出，那个犹太人的遗嘱就有这样一个漏洞，虽然遗嘱将所有财产都给了奴隶，但其儿子只能选择一件物品。这里暗含着一个前提没有明确写出来，那就是奴隶的全部财产都属于主人。那么只要前提明确了，在此前提之下的任何规则都是不成立的，这就是这个犹太人遗产合同的关键所在。后来，正是在拉比的指点下，年轻人才终于解开谜底，既没有违背父亲的“遗嘱”，又没有违约，因为犹太人从不违约。这实际上就是我们现在所说的钻合同的空子。

因此说，犹太人具有良好的法律素质，不但严于守法，而且还非常善于守法。说他们善于守法，此“善于”是指他们有能力在严格遵守法律或契约的前提下，可最大限度地实现自己的目的，哪怕这一目的在实质上是不符合法律或契约的规定，甚至是有违法律和契约原来的精神。也就是说，假法律或契约之形，而行非法或非约之实，注意不是违法或违约之实，因为他们是守法遵约的楷模。

这种强调形式上守法守约的精神大量地体现在充满智慧的犹太寓言中。《圣经》中有这样一个传说：

古犹太人的12支脉原是同父兄弟12人所传下的血脉，而这12兄弟的父亲便是雅各。雅各年轻时曾去东方打工，依附于其舅舅的门下，并娶两个表妹为妻。后来，在神的允诺下，携妻带子返回迦南。

途中的一个夜间，来了一个人，要求同雅各摔跤。两个人一直斗到黎明。那人见自己胜不过雅各，便在他的大腿窝摸了一下，当时，雅各的大腿就扭了。

那人说："天亮了，让我走吧。"雅各不同意，说："你不给我祝福，我就不让你走。"

那人便问他叫什么名字。雅各把名字告诉了他。那人说："你的名字不要再叫雅各，要叫以色列，因为你与神角力都得胜了。""以色列"作为今天犹太人国家的名称，其含义是"与天神摔过跤的人。"

上帝在同人进行比试之时使用不规范的小动作，这对于老是责备犹太人不守约的上帝来说，显然不是一个值得夸耀的举动。但为何犹太人却把它记录在树立上帝绝对权威的《圣经》之中呢？也许古代犹太人角力之时，并没有"明文"规定不可摸对方的大腿窝，上帝不过钻了规则不清的一个漏洞罢了。而作为上帝的选民，犹太人把这么一个上帝钻漏洞的典故记下来，完全可能是出于将"钻漏洞"这种合法的违法之举或者违法的合法之举给以神圣化的需要。

犹太人正是靠着这种智慧，用理应对他们约束得最为厉害的形式，约束了他们的对手。

事实上，在今日社会生活中，一个人能否成为真正意义上的权利主体，很大程度上取决于他能否首先成为智慧的主体。富有立约、守约智慧的犹太民族在当今世界中的繁荣昌盛，也是一件理所当然之事了。而我们除了教育孩子要守法守约之外，更要教育孩子如何守法守约。

守法却不纵法

在生活中，我们时常听见孩子抱怨：自己规规矩矩地遵守各种规章制度，但碰上不守纪律的人，自己总会吃亏。若要以牙还牙，却又违反了这项那项纪律了。为此很多家长也很苦恼：既要教育自己的孩子遵纪守法，却又不想让孩子受那些无视纪律的孩子的气。

让我们学学犹太人是怎么教育孩子守法并且维护法律的尊严和自己的纪律的吧。

一个寒冷的冬天，一大早，牛奶店就排起了长龙一样的队伍，他们都要购买热的鲜牛奶。大家都在等候按次序购买的时候，迈克来了，他一来就挤进了队伍。排在最后面的犹太青年约翰觉得不可容忍，于是想搞个小恶作剧。他跑了过去，突然一把拉下迈克的帽子，然后又回到自己原来的位置，他把胳膊放在身后，高举起帽子，笑嘻嘻地对迈克喊："伙计，你的帽子都在排队，你还不来排队吗？"

这就是犹太人的规则意识，他们自己不违反规则，也不容许别人随意地践踏大家形成的规则。面对破坏规则的人，犹太人很少正面与其针锋相对，而总是通过幽默的手段，既维护了自己的正当权益，又不至于使对方太过尴尬。

但是，在生活中，难免会碰上被偷、被骗或别人赖账的时候，面对自己的利益受到非法行为的侵害时，犹太人自有巧妙应对的智慧。他们教育孩子从小要有法律意识，任何时候都要遵守契约，同时他们也教育孩子，一旦自己的权益遭到损害，不能以牙还牙而和对方一起违法，而应该技巧性地克敌制胜。在犹太民族中，流传着这么一个故事，常常被用来作为教育孩子的教材。

有个犹太商人来到一个市场里做生意，当他得知几天后这里所有商品都要大甩卖时，就决定留下来等待。可是，他身上带了不少金币，当时又没有银行，放在旅店也不安全。

经过反复思忖，他独自来到一个无人的地方，就地挖了一个洞，把钱埋藏起来。可是当他次日回到藏钱的地方时，却发现钱已经丢了。他呆呆地站在那里，反复回想藏钱的情景，当时附近没有一个人啊，他怎么也想不出钱是怎样丢的。

正当他纳闷之际，无意中一抬头，发现远处有间屋子，可能是这家屋子的主人正好从墙洞里看到他埋钱了，然后将钱挖走。那么，怎样才能把钱要回来呢？

经过认真考虑，他去找那屋子的主人，客气地说道：

“您住在城市，头脑一定很聪明，现在我有一件事想请教您，可以吗？”

那人热情地回答说：“当然可以。”

犹太商人接着说道：“我是来这里做生意的外地人，身上带了两个钱袋，一个装了800金币，一个装了500金币，我已把小钱袋悄悄埋在没人的地方。但不知道这个大钱袋是交给能够信任的人保管呢，还是继续埋起来比较安全呢？”

屋子的主人答道：“因为你是初来乍到，什么人都不该相信，还是将大钱袋一块埋在藏小钱袋的地方吧。”

等犹太商人一走，这个贪心不足的人马上取出偷来的钱袋，立刻放在原来的地方。这下可把躲藏在附近的犹太商人高兴坏了，等那人一走，他马上将钱袋挖了出来，一溜烟跑了。

这个犹太商人能够将落入别人口袋的东西又拿回来，手段确实高明。因为他知道，每个人都有贪心，且贪欲无限膨胀，要让小偷把钱交出来，只能激起其更大的贪心。这个犹太人的机智就在于巧妙地利用了人的这种心理。

犹太人时常这么教育孩子：任何时候都不能违背法律，任何情况下都不能纵容破坏规则的行为。对于一切违法行为，我们要用自己的智慧，以合法的手段来制止。

违法者必然遭到惩罚

违法违约是犹太人最讨厌的，据说，犹太人的犯罪率之低是世界罕见的。犹太人自出生后就被教育要遵守法律契约，任何口头的契约都有着上帝的见证，违法者必然遭到惩罚。

犹太人是这么开始给孩子讲解《圣经》的：

上帝在创世第六天用泥土按照自己的形象造出了第一个人——亚当，上帝将神气吹入其鼻孔，使之有灵魂和生命。后又取亚当之肋骨为其造了配偶——夏娃。上帝让亚当和夏娃住在伊甸园中，让他们修葺并看守这个乐园。上帝吩咐他们说："园中各种树上的果子你们可以随意吃，只是善恶树上的果子你们不可吃，因为吃的当日你就必死。"亚当和夏娃赤裸着绝美的形体，品尝着甘美的果实。他们或款款散步，或悠然躺卧，信口给各种各样的动植物取名：地上的走兽、天空的飞鸟、园中的嘉树，还有田野的鲜花。他们就这样在伊甸乐园中幸福地生活着，履行着上帝分配的工作。

直到有一天，夏娃受魔鬼撒旦的诱惑，与亚当一起偷吃了禁果，能知羞耻与善恶，犯下原罪，受到上帝的惩罚：蛇"必受诅咒"，从此要用肚子行走及终生吃土；蛇的后裔要与女人的后裔彼此为仇，女人的后裔要伤它的头，而它则要伤她们的脚跟；女人怀胎的苦楚增加，生产时要受苦楚；要恋慕丈夫，及被丈夫管辖；男人也要受诅咒，要汗流满面才得糊口，直到他归了土，从此需终身劳苦才能从（田）地里得到食物，而地会长出荆棘和蒺藜。此后，上帝为防他们再摘取及进食生命树上的果子以获永远生存，就把他们赶出伊甸园；又在伊甸园的东边安设基路伯及四面转动会发火焰的剑，以把守前往生命树的道路。自此，人类永生的希望破灭。因为亚当夏娃违反了上帝的命令，以致受到惩罚。

犹太人常常教育孩子要知法守法，违法必然会遭到惩罚的。在犹太人的圣书《塔木德》中有这么一则寓言，经常被犹太人用来作为教育孩子的教材。

很久很久以前，有个漂亮的姑娘和家里人一块儿出外旅行。途中，姑娘离开家人信步溜达，不知不觉中迷了路，来到了一口井边。当时，她正觉得口渴，就攀着吊桶，下到井里去喝水。结果，喝完了水，却攀不上井来，急得大声哭喊着求救。

这时，刚好有个青年男子打这儿路过，听见井下有人在哭喊，便设法把她救了上来。两人一见钟情，都表示要永远相爱。

有一天，这个青年不得不出外旅行，临行前特地到她家来见她，和她道别，并且约好，要继续信守旧约。他们双方都表示，不管等待多久，也一定要同对方结婚。两人订下了婚约后，正想请谁来担任证人，这时候，姑娘刚好看见有一只黄鼠狼走过，跑进了树林。于是，她说："现在那只黄鼠狼和我们旁边的那口井就是我们的证人了。"两个人就此分别。

过了好多年，姑娘一直守着贞洁，等待未婚夫的归来。可是，这个青年却已在遥远的他乡结了婚，生了孩子，过着快乐的生活，完全把原先的婚约给忘了。

一天，孩子玩累了，躺在草地上便睡着了。这时，跑出来一只黄鼠狼，咬了孩子的脖子，孩子死了。他的父母都非常伤心。后来他俩又生了一个孩子，生活得很幸福。这个男孩长大了，会自己到外面去玩了。有一天，他来到一口井边，为了观看井下水面上映出的影子，一不小心，掉落井里，溺死了。

到这个时候，那男青年终于记起了从前和那位姑娘的婚约，当时的婚约证人正是黄鼠狼和水井。

于是，他便将事情全都告诉了妻子，同她离了婚。青年回到姑娘住的村子，而她还在等着他。两个人终于结了婚，过着幸福的日子。

故事中，为了惩罚违约的青年，报应落在青年的违约行为所带来的两个孩子身上。在这里，孩子只是一种象征，象征着违约行为的首要成果，孩子死了，意味着违约者因违约而带来的成果也毁灭了，亦即因违约而遭到报应了。犹太人信奉“憎恨罪，但不憎恨人”的信条，要是让违约人一死了之，那就使合约也彻底没了希望，守约的姑娘只好空守闺房一辈子。所以，惩罚落在了无辜的孩子身上。这是对青年的违约的最有效的针砭和最严厉的惩罚。

在现实生活中，犹太人常常以自己对违约者的真实惩罚为例，来教育孩子：

犹太人对内部的违约者采取的是逐出教门的办法。在生意场上，一个受到犹太共同体排斥的“犹太人”，可以说是绝难再生存下去（作为生意人生存下去）的。而对待非犹太人，则一方面毫不留情地上诉法院，要求强制执行合约，或者赔偿损失；另一方面，犹太共同体相互通报，以后不再同此人做生意。

让孩子懂得注重缔约的价值

法治意识和契约精神是社会从蒙昧走向文明、从落后走向进步的重要标志。它构成了现代商业经济和市场经济运作不可缺少的制约机制和精神动力。

正是法治意识和契约精神，构成了“世界第一商人”的深厚社会文化土壤。

犹太人在孩提时代就知道诺亚方舟的故事：亚当和夏娃因偷吃禁果被赶出伊甸园，人类打着原罪的烙印，上帝诅咒了土地，人们不得不付出艰辛的劳动才能果腹，因此怨恨与恶念日增，暴力和罪恶简直到了无以复加的地步。只有诺亚谨遵上帝的教诲，很守本分，他的三个儿子在父亲的严格教育下也没有误入歧途。因此，在上帝决定毁灭人类的时候，选中了诺亚一家作为新一代人类的种子保存下来。诺亚一行获救之后，为上帝修了一座祭坛。他选了各种各样洁净的鸟兽作为供品，放在祭坛上奉献给上帝。上帝闻到了供品的香味，心里想：“我再也不会因人类而使大地遭到灾祸了。不论人有多少邪念，我都不会像上次那样杀死一切生灵了。”

这是犹太人守法缔约的源起。在犹太人看来，取信于人是一生当中最重要的。他们始终笃信上帝的教诲：遵守约定，诚实为人，死后方能升入天堂。在商业领域，他们更深刻地体会到：缔约守法不仅是交易顺利完成的基础，更能因此赢得人们的理解和支持，由此毫不费力地拓展业务。

美孚石油公司向餐具经销商——犹太人乔费尔订购了3万把餐刀和叉子，交货日期为9月1日，地点是芝加哥。乔费尔不敢怠慢，立即请厂商为他赶制。

没想到，麻烦却出来了，厂商磨磨蹭蹭，导致不能按期交货。

乔费尔对厂商十分生气，但是事情已经这样了，他也没有办法，只有希望对方能够快一点。但他多次打电话催问，换来的只是对方满不在乎地回答：“就算是迟点儿，你也不至于这么上火吧。”

乔费尔是犹太人，信守契约精神，在交付的最后时刻只好咬牙：把刀叉空运过去！5小时内3万把刀叉被装上飞机，9月1日，这架装载刀叉的飞机到达了交货地点芝加哥。这下，乔费尔付出了惨重的代价：额外地多支出了6万美元，而要运送的不过是3万把刀叉。

而美孚石油公司知道事情的原委后，只淡淡地说了一句：“按期交货，很好！”至于那昂贵的飞机租金，他们连问也没有问。

乔费尔的同行大为惊讶：“你疯了吗，多花6万美元就为了3万把破刀叉？”乔费尔严肃地回答：“犹太人就是这样！作为生意人，不管你有任何理由，你必须按照合同及时地按期交货。哪怕是由于别人的原因而给你造成了延误，你也没有理由不按期交货。这就是规则，必须这样做啊！”

不过，此后，商界都知道了这个做生意注重合同的犹太人，全世界的许多商人都来和乔费尔做生意了，于是大量的订单雪片般地飞到了乔费尔的办公桌上。

的确，当年的这点小损失让他心疼不已，现在乔费尔却得好好感谢那次意外给他带来了这么大的利润了。

在犹太人的商旅生涯当中，他们遭到过无端地打击和歧视，也遇到过无数精心安排的谎言和圈套，但犹太人遵守约定，只要他们承认了约定，就会不折不扣地按照约定去执行，犹太人这种重信守约的美德为他们赢得了极高的声誉。

优良品德不但能够使你获得他人的好感，而且还是你扩大事业的重要条件。事实证明，如果你能够以良好的道德标准去处理每一件事，甚至对于那些举止过分的人也能以德报怨，那么你必定能够赢得人们的理解和支持。

即使吃亏也要遵守契约

犹太人是契约之民，他们认为契约是人和神之间的约定。在他们的观念中，契约是神圣不可侵犯的。

契约就是双方在交易过程中，达成协议后，为了维护各自的利益而签订的在一定时期内必须履行的一种责任书。一般地，契约得到法律承认，并在一定程度上受法律保护。人们在经营过程中，就是根据它来扩大自己的经营范围。在各个国家，有不同形式的契约存在；但是，人们对契约的信任程度并不一样。在有些国家中，毁约之事时常发生。而对犹太人来说，毁约行为是绝对不允许发生的。契约一经签订，无论发生什么问题，都是不可毁的。

《威尼斯商人》中的夏洛克，在法庭上，面对破产的安东尼奥的朋友提出的各种绝对有好处的条件，难道这位爱财如命的犹太人没动过心？但是，他一直坚持着原来的契约，这不仅仅是为了报复基督教徒，而且也是为了遵守契约，维护契约的圣洁不可更改。

现实生活中的犹太人，也同样是严格遵守契约的：在他们看来，契约一旦签订，就生效了，不但自己应该遵守，也严格要求对方遵守，对契约绝不允许发生含糊的情形。

犹太人之间，只要签订了契约，就不会有任何的后顾之忧。他们信任契约，相信签订的双方都是会严格遵守。因为他们深信："我们的存在，是履行和神所签订的契约。"他们之所以不毁约，是因为他们认为契约是和神的签约，人的存在本身也是在履行契约。所以说，犹太人是契约之民，他们所信奉的犹太教，是契约的宗教，视圣经为神与以色列人的契约。在犹太人心中，契约是如此神圣不可侵犯。因而在犹太商人当中，根本不会有"不履行债务"这句话，对于不履行债务者，他们将严格追究责任，毫不客气地要求赔偿损失，对于不遵守契约的犹太人，他们会把他驱出犹太人商界。

由于各个国家各个民族对契约的重视程度不同，所以犹太人在与外人做生意时，总是小心翼翼。他们在第一次与其他人接触时，一般会显得对其不太信任，因为对方是否守约，尚未可知。特别是再次与不守约的人打交道时，他们根本不会相信所签订的契约。所以，在与犹太人交往中，要博得犹太人的信任，第一件事便是遵守契约。无论如何都要做到，否则你便是白费心机，因为犹太人绝不会信任一个对他们的“神”不敬的人。

犹太人的经商史，可以说是一部有关契约的签订和履行的历史。犹太人经商的奥秘在于“契约”。世界上万物都在不断地发生变化，但契约的内容是永不变的。遵守契约、维护契约是保证利益不受侵犯的前提，是赚钱做生意的保障。犹太人就是在这样的“契约”保障下，赚钱致富的。

契约是神圣的，不可毁坏，因为神的旨意不可更改。这便是犹太人的契约观。想赚钱特别是赚犹太人的钱，是不是应该先改变孩子的契约观呢？

口头的允诺就有足够的约束力

中国古代名将季布有“一诺千金”的美誉，而犹太商人的诚信为本，在全世界商界中，也是非常值得称道的。各国商人在同犹太人交易时，都对对方的履约有着很大的信心，而对自己的履约也往往有着最严的要求，哪怕他在其他场合素有背信弃约的习惯。犹太商人的这一素质对整个商业世界的意义和影响，真正是“无论怎么评价也不会过分”。

犹太教同其他一切宗教的区别，最根本的并不在于是一神还是多神、是否严格一神、这一神是否具有形象。从这里看，更重要的还在于人与神之间的关系怎样。与其他宗教都不同，犹太教中上帝与以色列人的关系，就是一种“约定”的关系，而不是一种无条件的、绝对的、天然的支配与被支配、主宰与被主宰的关系。

古代犹太人长久珍藏的两块法版，相传是上帝亲手写下律法后交由摩西保存的，这两块法版其实也就是上帝与犹太人的契约。这份契约从现代民法学的角度来看，是合乎合同法要求的，已具有合同应该具有的一些最重要的特征。首先，立约双方都是完整的权利主体：亚伯拉罕99岁的时候，耶和华向他显现，对他说："我是全能的神，你当在我面前做完全人，我就与你立约，使你的后裔极其繁多。"（《创世记》）显然，上帝自己是把亚伯拉罕看作完全人的，没有因为创造了人类始祖亚当和夏娃，就把亚伯拉罕看作一个依附者。

其次，合同书上权利义务对等的规定也十分明确："你若留意听从耶和华上帝的话，谨守遵行他的一切诫命，就是我今日所吩咐你的，他必使你超乎天下万民之上。你若听从耶和华上帝的话，这以下的福必追随你，临到你……"（《申命记》）

还有，如果不履行合同必须承担相应的后果："你若不听从耶和华上帝的话，不谨守遵行他的一切诫命律例，就是我今日所吩咐你的，这以下的诅咒都必追随你，临到你……"（《申命记》）

最后签名盖章留下信物：上帝把授予摩西的法版当做信物，以色列人的信物则是男子接受割礼。

从此，几千年中，犹太人就世世代代守着这张合约，履行着合约上规定的一切，即使在因为履行这张合约而成为宗教异端并受到迫害时，他们也没有毁约。犹太人对契约的这种根本态度，从两方面影响了商业世界中契约观念、契约形式和履约方式的产生和发展。一是通过《圣经》（旧约全书）将契约的神圣性、履约的强制性和义务性灌输给所有以《圣经》为"圣经"的人，包括商人。二是通过犹太人，包括犹太商人的实际活动方式，尤其是通过犹太商人巨大的成功，使许多人接受了契约的观念和形式。这一点在商业世界中尤为明显。

有一个老板和雇工订了契约，规定雇工为老板工作，老板每周发一次工资，但工资不是现金，而是工人从附近的一家商店里购买与工资等价的物品，然后由商店老板来结清账目领取现款。过了一个礼拜，工人气呼呼地跑到老板跟前说："商店老板说，不给现款就不能领东西。所以，还是由您付给我们现款吧。"过一会儿，商店老板又跑来结账了，说："贵处的工人已经取走了这些东西，请交钱吧。"老板一听，给弄糊涂了。双方各执一词，但谁也不能证明对方说了谎。结果，只好由老板发两份开销，一份给雇工，一份给商店老板。因为只有他同时向双方作了承诺，而商店老板与雇工之间本来是没有契约关系的。

犹太人由于普遍以诚信为本，相互间做生意时经常连合同也不需要，口头的允诺已有足够的约束力，因为"神听得见"。犹太商人首先意识到的是守约本身就是一个义务，而不是守某项合约的义务。我们也可以从侧面看出犹太商人的诚信为本及其积极效果。

现代商业世界对信誉极为讲究，信誉就是市场，是企业生存的基础。所以，以信誉招揽顾客也成为许多企业共同使用的招数。但在商业世界中第一个奉行最高商业信誉"不满意可以退货"的大型企业，是美国犹太商人朱利叶斯·罗森沃尔德的"希尔斯·罗巴克百货公司"。这项规定是该公司在20世纪初推出的，在当时被一些人评价为"闻所未闻"。确实，这已经大大超出一般合约所能规定的义务范围——甚至把允许对方"毁约"都列为己方的无条件的义务！

极高的商业信誉给犹太人的事业发达所带来的好处，也是显而易见的，毕竟这种信誉是最有远见的"理性算计"。

履行合同要做到不折不扣

合同就是交易双方在交易过程中，为了维护各自的利益而签订的在一定时期内必须履行的一种责任书，只要不违法，就能得到法律的保护。

犹太人之所以成功，一个主要原因就是他们一旦签订了契约就一定执行，即使有再大的困难和风险也要自己承担，而且无怨无悔。他们信任契约，因为他们深信："我们的存在是履行和神的签约，绝不可毁。"

由于合同的神圣不可侵犯，因此犹太人在谈判中非常讲究谈判艺术，并能综合考虑各种可能出现的问题，千方百计地讨价还价。因为合同不签订是你的权利，但一旦签订就要承担自己的责任。在他们看来：合同是神圣的，神的旨意决不可更改。特别是高级商务更要讲究信誉，信誉就是市场。钻石、珠宝等高级奢侈品的世界市场主要由犹太人垄断，并不是仅仅由于钻石、珠宝等便于携带，更主要是和犹太人有着极高的商业信誉分不开的。正如一位珠宝商所言："经营钻石珠宝，其实是经营你的信誉，如果你拿一个一文不值的东西去卖了1000美元，那就是你用1000美元把自己卖出了珠宝行业，永远也不会在珠宝上赚到钱了。"

这一点对我们当今的生意人来说是颇有教益的。守信遵约的商人越多，社会经济向文明的方向发展的速度将越快，犹太人之所以会成为世界上维护经济秩序的一大力量，很大程度上就取决于这一点。

有一位西班牙出口商与犹太商人签订了1万箱蘑菇罐头合同，但货物到达目的地后，犹太商人拒绝收货。原来，合同规定为：

"每箱10罐，每罐500克。"但出口商在出货时却装运了1万箱750克的蘑菇罐头。货物的重量虽然比合同多了250克，超出了合同规定份额的50%。货物滞留在港口，每天出口商要付出一大笔库房租用资金，几次与犹太商人协商此事，甚至同意超出合同重量不加收一分钱，而犹太商人仍不同意，并起诉出口商，向西班牙出口商索赔。出口商无可奈何，只好赔了犹太商人10多万美元后，还必须把货物另做处理。

这样乍一看，似乎是犹太商人太不通情理，多给他货物也不要。事实并不是那么简单。在上例中，合同规定的商品规格是每罐500克，而那位出口商交付的却是每罐750克，虽然重量多了250克，但卖方未按合同规定的规格条件交货，是违反合同的。根据美国法则是重大违反合同；根据英国法是违反要件。犹太人精于经商，深谙国际贸易法规和国际惯例。他们懂得，合同中交易物品品质条件是一项重要条件，或者可称为实质性的条件。因此，犹太商人此举不管是到哪里都是站得住脚的。按国际惯例，犹太商人完全有权拒绝收货并提出索赔。

另外，本事情的发生还有可能会给买方犹太商人带来意想不到的麻烦。假设犹太进口商所在国家是实行进口贸易管制比较严格的国家，如果进口商申请进口许可证是每罐500克的，而实际到货是每罐750克的，其进口重量比进口许可重量多了50%，很可能遭到进口国有关部门的质疑，甚至会被怀疑有意逃避进口管理和关税，以多报少不仅要受到追究责任和罚款，而且这个犹太商人的信誉度将会大大降低，这也是犹太人最害怕的事情。尤其是1万箱罐头的销售他也一定是跟经销商签了合同的，由原来的500克变成现在的750克，即使不加价，也得跟人家去一一解释，这本身就是一种违约行为，犹太人往往会担心这样做会有损自己的商业信誉。

还有一点，犹太商人购买不同规格的商品是有一定的商业目的的，犹太人做生意前都必须认真考察市场，包括适应消费者的爱好和习惯、市场供需的情况、对付竞争对手的策略等，对潜在的市场有一定的把握后才经营他们的产品。如果出口方装运的750克蘑菇罐头不适应市场消费习惯，即使每罐多给250克并不加价，进口方的犹太商人也不会接受，因为这打乱了他的经营计划，有可能使销售渠道和商业目标受到损失。

随着商品经济的发展，合同不仅受到犹太人重视，而且逐渐成为世界各国商业活动中普遍重视之事。双方签字后的合同，就成为约束双方的法律性文件，有关合同规定的各项条款，双方都必须遵守和执行。任何一方违反合同的规定，都必须承担法律责任。

签订合同的任何一方必须严肃认真地执行合同。成功者大多能在商业领域卓有成效是与重视合同有密切的关系。

遵守契约又要善于利用契约

犹太人恪遵信誉，很少毁约，但是聪明的犹太人总是在遵守契约的大前提下，充分利用契约的自由和空间，为自己争取利益。只要有这个可能，他们就不会错过这样的机会。所以，在现代商务活动中他们经常在不改变契约的前提下，灵活巧妙地签订契约，使其中的众多条款为自己所用，从而赚得更多的钱。

莫里茨·赫希男爵是历史悠久的巴伐利亚犹太金融集团的主要成员之一。1826年，他把自己从父亲那里继承的遗产和太太的巨额陪嫁共计二三百万资金作为启动资金，和他的内弟裴迪南德·比朔夫夏姆合作，在比利时布鲁塞尔开设了第一家自己的银行。从此，开始了他的银行家生涯。

当时，一些普普通通的陈旧的商业银行业务不仅利润很低，而且竞争很激烈，赫希对此不感兴趣，他把热情主要放在建设铁路和为建设欧洲铁路支线投资上，然后在有利可图的情况下，向干线的所有者出卖这些支线的产权，以此获取厚利。他的这种打算最终在别人还没在意的行业里有所突破，获得了丰厚的利润。

1868年，奥斯曼土耳其政府计划建设一条全长共计2500多公里的铁路，从维也纳一直延伸到君士坦丁堡。这项工程是一笔数额十分庞大的投资，按当时的价格在较平坦的地区每公里的造价为4万美元，而在山区，每公里的造价高达5万美元。更何况铁路所经过的地方，大多崎岖不平，山峦重叠。另外，还需要铺设一条从君士坦丁堡经阿德里安堡、索非亚、萨拉耶夫到萨拉热窝等地的干线，所经过的一些大城市还需要建设许多支线。由于投资太大，因而一般人是不敢轻举妄动的。

一开始，一家资金雄厚的比利时公司与土耳其政府达成协议，取得了建造这条铁路的特许权，但该公司还是因为资金短缺而无法维持下去，不到一年就破产了。到第二次招标时，赫希借助他曾帮助土耳其人建立几家重要银行这层关系，拟定了一个周密的计划，最终得到了土耳其政府的认同，一举中标。

建造铁路的特许权并不等于将来能赚得很多的钱，这只是他完成了第一步计划，随后他把主要的精力投放在怎样的灵活签约上，因为只有在契约里才能找到真正的发财空间。首先，赫希同土耳其政府签下了第一个协议，土耳其政府同意在99年的租借期内，由国家出面借贷，每年支付每公里铁路2800美元租金，加上铁路经营者每年为每公里铁路支付1600美元，合计每年可以收回投资11%。同时，为了方便工程的施工，赫希还获得了在铁路沿线开采矿藏森林资源的权利。一经投入营运，铁路超出每公里4400元租金的收益将由经营者、政府和赫希三家分成，三家所得的收益依次为50%、30%和20%。

赫希在签约中就为自己留了空子，在铁路建成之前赫希就开始“收回投资”了，赫希说服土耳其政府为建造铁路发行债券，支付期为99年，每年偿还本金的3%。由赫希拥有债券发行权，共发行了200万张面值为80美元的债券。赫希动用大量的资金，以20美元和30美元的价格买下，转手以10美元的差价抛售给土耳其的民众，大大地发了一笔横财。

也许正因为犹太商人熟练使用此种赚钱的技巧，反过来，他们对别人使用这种手段则保持着高度的警惕。在同其他民族的人签约做生意时，犹太商人常不惜重金请对方所在国的成员做合同签订的公证人和合同执行的监督人。因为在犹太人看来，不同文化背景上的人最容易行骗或受骗，每种文化都有自己的“雅各的树枝”。只有同种文化背景中生活的人才能找出暗藏在契约里的机关，才不至于因为合同出了漏洞而付出过高的“代价”。

诚信是一种无形的资产

犹太人认为不论是在人们日常生活当中，还是在生意上的相互往来，不论是地区与地区之间的交流合作，还是国家与国家之间的往来，信用都是人们合作与办事成功的前提条件，一旦没有了信用，任何一种交往就根本无从谈起。尤其是在经济高速发展的现代社会中，信守诺言、遵守契约都可以成为判定一个人品格高尚的标尺之一。同时，信守诺言、遵守契约更是现代社会生活能够得以顺利进行，人与人交往得以继续下去的一个极其重要的基本原则。

伊萨的父亲是荷兰的一位犹太人，在证券行业工作，他诚信正直，深得业界同行欣赏，因此他在事业上发展得非常顺利。伊萨出生于1772年，父亲为了培养伊萨，对他进行严格的品德教育，教育他勇于承担责任与风险，一定要诚实守信，在作决定之前要认真思考，一旦决定的事情就不能再改变，要坚持不懈地做下去！

伊萨9岁那年，一天在他放学的路上，他看见路边百货商店橱窗里摆着一双鞋口部位有白皮毛的鞋子，款式十分新颖，从没见有谁穿过。伊萨心里就开始琢磨起来，如果自己能够穿上这双鞋子，同学们见了一定会很羡慕！因此就想买下来以满足自己的虚荣心。回到家后，他吵着要家人买那双鞋回来。父亲说："你根本就没有看清楚那双鞋的样子，那鞋子根本就不适合你。"他说："如果我要是能得到那双鞋子，我将所有的鞋子都让给弟妹们穿。"他的父亲听了他这句话后，便答应给他买下那双鞋子，不过条件是买来后一定要穿，一直穿到鞋子破了为止，伊萨很痛快地答应了。当他父亲把鞋买回来后，他发现这鞋根本不是平时所穿的鞋，而是一双专门用来做样品的木鞋，他穿着鞋子走在马路上，鞋会发出很大的响声，非但感觉不到舒服，且非常别扭，每走一步就“咔嗒”一声，以至于所有的路人都盯着他看。他本想满足下自己的虚荣心，可是没想到让他在同学面前丢尽了脸，全校都认识了穿木鞋的伊萨。为了让声音小点，他走路时放轻脚步。同班一个同学问他为何不换双鞋子穿，他说：“我已答应爸爸，必须把这鞋子穿到穿不下，才能再换鞋穿。而且我已把我的鞋送给弟妹了，没有可换的了。”同学说：“我可以借你一双，你在学校里偷偷地穿，回家时再换上那双木鞋。”伊萨说：“谢谢，我不能这么做。因为我已经和父亲有约在先，他才按照约定给我买了这双鞋，我也必须按照约定一直穿这双鞋，如果做不到，就是不守信用，不诚实。爸爸曾说‘不讲诚信的人永远不会有成就’。”就是如此，伊萨一直穿着这双鞋子，直到穿不进去时，才换了别的鞋。童年的这件事对伊萨的成长产生了重大的影响。后来，伊萨成了世界著名的经济学家。

犹太人说：信用或信誉，就是对履约行为所进行的一种保证与保证的程度。犹太人通常是不会违约，犹太人认为契约一经签订，无论发生什么问题，都要想方设法地去遵守去履行，在全世界的商界中，犹太人的重信守约是有口皆碑的。契约，也就是现在我们所说的合同，它是双方在交易过程当中，为了维护各自的利益而签订的在一定时期之内必须要履行的一种责任书。一个不讲信用的人，根本就不会得到别人的尊重，而且最终还将被人们排斥在正常的交易和社会生活以外。相对于传统社会来说，现代社会更加注重契约精神。

第 08 辑

以德服人，德行是犹太民族的丰碑

犹太人认为，成功者需要有一个完美的德行，具有人格魅力的人更容易被人接纳。凡成大事、立伟业者都是有德之人，因为有德才让人信服。所以，犹太人在教育孩子的时候，特别注意品德教育。同时，拥有一个好的德行也是犹太民族的特点。

培育孩子的美好心灵

在现实生活中，我们都希望得到别人的关注和赞美，其实，这是人的一种心理需求，每个人都应该了解这一点。一个人，当他感到周围的人对自己十分关心的时候，他心中就会产生一种温暖、安全的感觉，就会充满快乐和自信。那么，如果你受了别人的关心，同样也会去关心别人，这样一来，人们互相之间就很容易产生一种亲密友好的关系。

在犹太社会中，父母对孩子的爱的教育，还体现在另一方面，那就是培育孩子有美好的心灵教育孩子与人交往时要平等待人，让孩子们知道人是没有尊卑之分的。二战中很多犹太人惨遭杀戮，但这并没有毁灭犹太人对美好未来的追求。犹太人也正因为长期遭到迫害，必须要面对瞬息万变、纷繁复杂的生活，适应快节奏、高压力的生活，他们调适、转换心态的能力就必须要加强。正是这种原因促使他们注重自身心灵的修养，同时，这样做也能很好地教育他们自己的子女。

一名荷兰籍的犹太小姑娘安妮·弗兰克，在她著名的《安妮日记》中写道："不管怎么说，我仍然相信人类的内心是美好善良的。我没有办法在悲惨、死亡和混乱的世界基础上建立自己的爱心和信心。我看到世界正逐步走向野蛮，我似乎能够清晰地听到，那正在缓缓靠近我们的隐隐作响的雷声，这雷声将要炸响，将要毁灭掉我们！我能痛苦地感觉到无数的常人正在一步步走进灾难，但是，我举头仰望苍天，我想那轰轰的雷声来得正是时候，这种残酷的战争局面即将结束了，幸福的安宁和平静的生活，即将重新回到大地上。同时，我必须要坚持自己的理想，因为我就将要实现自己的理想了，实现自己理想的时机就将要来到。”安妮在看着自己的同胞被杀戮时，她仍然坚信人类是善良的，世界是美好的。

犹太拉比们曾告诫世人：当别人有求于自己时，只要要求是正当的，就要尽自己所能满足对方的要求；当别人有困难时，要主动去帮助别人，使别人懂得你存在的价值，其结果必然是“爱人者人恒爱之”。犹太人相信人生的幸福美满只是一种感觉和心情，外部世界是一回事，内心又是另外一回事。事物本身不变，只是人们的心态在跟着改变。人们的心理决定一个人是高兴还是垂头丧气、孤独苦闷！“人若不自己去谋生获得利益，就会变成寄生虫；但只知道自己获得利益而不顾别人的利益，则会成为吸血鬼。完美的人生，是自利与利人的统一。”为人处事之道就是要真诚地对待每一个人，发自内心地去关怀别人。互利互惠改善世界的品质！事实上，犹太民族的强大，跟他们之间的互相友爱和帮助是分不开的，这样做不仅为他们自己带来好处，同时也给世界带来了进步与温馨。

拥有一颗不计较和宽容的心

宽容不止是一种能够实践的本质，更是一种思想，它是生活中的每一个人都应该拥有的一种能力。

不管在什么时候，人都应该有一颗包容的心。犹太人是值得相处的商业朋友，全世界的人都这样认为，因为犹太人很会控制自己的情绪，不会因为别人无意地伤害而把自己的不快乐迁怒到相互的合作中去。一个人只有拥有一颗不计较和宽容的心，才能更好地面对自己的人生。

在一场激烈的战争之后，灼热的阳光将沙子烤得如炙热的煤炭一样，有一个年老的犹太炊事员和一个年轻犹太指挥官相遇了，他们一滴水和一点干粮都没有。老人说："把马杀了吧。"年轻人怔了怔，要想活着出去这是唯一的办法了。他取下腰间的军刀……"现在没有了马，你背着我走吧！"年轻人又一怔，心想，你又不是没有手脚为什么让我背着你走，过分。一天，两天……十天。之后，老人的要求越来越多，并且要求越来越过分。但是，年轻人从始至终没有在老人面前有过一句怨言，而他心里希望的只是能够和老人活着走出这片金黄色的沙漠。

两个人越来越虚弱，老人就要昏死过去了："你往前走吧，不要再管我了。"年轻人说："不，我不能这样丢下你而自己走掉，即便是活着走出了这片沙漠，也不会得到世人的宽恕和原谅。"老人的脸上展现出一丝苦笑，"年轻人，说句老实话，这些天来你难道就没有感到我拖累你和刁难你是故意的吗？真没有想到你一颗小小的心，竟然容忍了我这么多的刁难。"年轻人平静地说："我只是想让你活着，然后，带你走出这片沙漠，因为你让我想起了父亲。"老人解下了身上的一个布包，"你拿去吧，里面是水，还有吃的和指南针，你往东边再走大概一天的时间，就可以走出这片沙漠了。"老人缓缓地合上了双眼。"你醒醒！快醒醒！我不会扔下你的。"老人勉强睁开了双眼，"年轻人，你难道真的认为这沙漠漫无边际吗？其实，只要走上三天的时间，就可以从这片沙漠中走出去。你不知道，我亲眼看见我的两个儿子死在敌人的刀下，他们的血几乎染红了我眼前的全部世界，我还能支撑到现在，都是因为你。我曾经想要和你一起死在这沙漠里，和你一起耗死在这无边的沙漠里，然而你却一直想着带我走出去。是你用胸怀融化了我内心的仇恨，你的宽容征服了我，年轻人。"说完，老人就永远地闭上了自己的双眼。

我们要远离嫉妒怨恨，就是远离心碎、绝望、痛苦以及伤害。宽恕别人的过错，宽容他人的不足，同时也要宽容对待自己，这些都是犹太人送给我们为人处世的好法宝。学会了这些，在为人处世上就不会对一些事情过于介怀。

上述故事中，犹太年轻人的那种容忍的心胸战胜了无边无际的沙漠。宽容是一种宽广的胸怀，是一种非凡的气度，是一种精神的成熟和心灵的丰盈。

教育孩子谦虚、不说大话

谦虚是一种美德。犹太人教育孩子要学会谦虚，《塔木德》对谦虚也有着很严格的规定，告诫人们说："就算是一个贤人，如果他向人炫耀自己的知识的话，那么他还不如一个普通人。"谦虚首先就是要客观地实事求是地看待自己。谦虚的人总能既发现自己的弱点和短处，又能发现自己的优点和长处；既能看到自己取得的成绩，又知道不论这个成绩有多优秀，对于经营人生这份伟大的事业来说，只不过是添加了一砖一瓦。当人们称赞牛顿的光辉成就时，他谦虚地说自己只不过像个在海边玩耍的孩子，捡到了几片漂亮的贝壳而已。谦虚的人总是在努力不懈，锐意进取，很多犹太人的故事里就体现出这一点来。

所罗门是世界上最聪明的国王，所有动物的语言他都能听懂，树林里的野兽、农场里的家畜、海里的鱼和天上的鸟儿等。一天，他坐在王宫的门前，欣赏着灿烂的阳光和晴朗的天空。两只小鸟在他面前欢乐地喳喳叫着。国王抬起头听见雄鸟对着雌鸟说："那人坐在那儿干什么，那人是谁啊？"雌鸟回答道："这人是全世界最聪明的国王。"那只雄鸟嘲笑着说："宫里的人不是说国王很有力量吗，那么他有多少力量，能扛得住这么多的宫殿和堡垒？要是我动一下翅膀，就能把它们全部推倒。"雌鸟鼓励说："你就试一下吧，让我见识见识你的能耐，看你说话算数不算数。"吃惊地听了这一切的所罗门，就打手势招呼雄鸟过来，问它如此骄傲是为什么。

雄鸟惊吓得浑身发抖，恳求说："请国王发发慈悲，饶了我吧。我一点本事也没有，只是有些淘气罢了，只是一只可怜的鸟。我刚刚说的那些话只是想叫雌鸟高兴一下，让她高看我。"所罗门心中暗自笑笑，放了鸟儿回去。雌鸟在屋顶上站着不动，正焦急地等待着雄鸟回来告诉他国王找他都说了些什么。雄鸟回来后，雌鸟兴奋地问道："国王说什么？"

雄鸟骄傲挺起自己的胸脯，说："国王听见了我的话，恳求我千万不要毁坏他的王宫。"

所罗门听到这话，对这只雄鸟彻底地生气了，将它变成了石头，以告诫后人不要骄傲自大，也告诫妇女们不要鼓动自己的丈夫干出愚蠢的事情来。

犹太父母从孩子小的时候就教导他们不要说大话，一定要实事求是。教导他们凡事要符合实际才能赢得别人的信服，获得他人的信任。那些吹嘘自大的人只会引起别人的厌恶和反感，长期下去，就会失去很多原本相信你的朋友。犹太人认为，当一个人过于骄傲时，就会失去一个人应有的本分以及求知向上的念头，自满自大的人很容易犯下错误。

《塔木德》认为骄傲不是一种罪过，但认为它是一种愚昧。有很多人总以为自己很了不起，甚至是世界的中心，但他周围的人却并不那么看重他，因此他讨厌别人的冷漠和不关心；也有人为自己没有获得更好的成绩而生气，于是就自暴自弃，过度厌恶自我。在犹太人看来，这也是自大的一种表现。犹太人常说："如果自己的内心已经被骄傲和自大占满时，就再也不会给神留下地方住了。"所以，犹太人在夸奖别人之前，是绝对不会夸奖自己的，这就是犹太人的谦虚。

崇尚直爽坦诚的做事风格

杰出的犹太人都是很直率的，也反映出犹太人的文化背景对他们性格的熏陶。他们认为在生活和工作中，只有直率坦诚，做事才会直接明了，才不会吃亏。

成功的犹太商人都要求自己的员工在工作中有建议、创意或不同意见，都应及时向上司和同事们表述，而不要指望上司和同事们会揣摩出员工的想法。如果有困难需要帮助，也应及时提出，不然自己受累，完不成任务照样会挨批。

"忍辱负重"不是犹太人的文化。在生活中的喜怒哀乐，犹太人也会主动向亲人朋友或专业人士倾诉，以解脱自己，这样很容易得到理解与帮助。善于抒发内心压力的坦率者，心理承受能力也会很强。

有位犹太人在当实习医生时，其主治医生曾对她盛气凌人，她主动向该主治医生讲出自己的感受，此后这位主治医生改变了态度，彼此间建立了互相尊重的健康工作关系。其实许多时候不能很好相处的原因只是个性差异或缺乏沟通，如果及时公开表达出来，往往可以化解前嫌。犹太人不会打击报复或背地里给你穿小鞋，他们只会坦率直爽地说出自己的感受。

犹太人认为直率坦诚的另一方面，是需要学会说“不”。他们遇到勉为其难的事、无法排开的时间、不合理的要求等，就会拒绝，而不会有求必应。反之，若被别人拒绝，也会理解对方的难处。这样双方才不至于违心行事或弄得不痛快又得罪人，并可以协商其他取代办法，做到双赢的结局。

犹太人从孩提时代就被教导为人要直率坦诚的处事之道，在这种教育和自由民主环境中成长的犹太人，也就养成直率坦诚的作风。但犹太人的直言不讳却不是鲁莽粗暴，更不会蛮横无理。犹太人尤其讲究说话的艺术和态度，哪怕相互之间语言不通，他们也会做到表情和悦、语调委婉、礼貌待人，而且会常用正面鼓励语和褒义词。

对于思想文化观念而言，求同存异更为必要。犹太民族是个言论自由的民族，犹太人又喜欢开诚布公，任何看法都要说出来或与人辩论，但并不以说服别人或被别人说服为目的。犹太人中也不乏爱讲善辩之士，但他们的辩论只是希望尽量表达自己的想法，并不想将其观点强加于人。只要抒发了自己胸中的感慨，他们就得到了满足。对于不同观念，他们虽不轻易苟同，却也不忘赞扬对方敢于发表意见。无论是文化、习俗还是政治、宗教，谈归谈，听归听，他们绝对不会非让别人服从自己的观点。

犹太人认为求同存异的原则同样适用于亲友往来，更有助于扩大社交圈。他们认为要做到求同存异，“尊重”是基础，还需要有耐心，能包涵，心胸开阔。这样在说明自己的观点时既表达得舒畅，又能从他人不同的见解中不断学习新的东西。

从不逃避自己该负的责任

《犹太法典》说："原以为一定会有人带蜡烛进去，可是一走进房间里，发觉整个房间都是黑漆漆的，没有半个人拿着蜡烛。其实只要每个人都拿一根小蜡烛进去，这个房间就会像白天那般的明亮。"

犹太人是反对放弃自己的责任和义务的。古代的拉比们说过："好事可以分享，自己的责任一定要自己负。"因为不管是把事情推给别人，还是归咎于环境，自己的责任仍然存在而无法消失，所以犹太人不会把责任推给别人，而是自己动手去做。

不朽的上帝对他的使者盖博瑞儿说："去！在那些正直人的前额上用墨水做个标记，这样破坏天使就不会伤害他们；在那些恶人的前额上用血做标记，破坏天使就会消灭他们。"这时正义站在上帝面前说："宇宙之王，第一种人和第二种人有什么不同？"上帝回答："第一种人是彻底的好人，第二种人是彻底的坏人。"

"宇宙之王，"正义争辩道，"正直的人有力量反抗其他人的行为，可是他们没有这么做。""你知道，"上帝回答说，"即使他们反抗过了，邪恶的人也不会听他们的话。""宇宙之王，"正义说，"你知道那些坏人不会改变，可是那些正直的人知道这一点吗？"

由于正直的人没有反抗，上帝改变了主意，没有把他们和邪恶的人分开。

这是上帝对于一个放弃自己责任的人的处置。

放弃自己的责任是上帝不宽恕的事情，所以犹太人在现实的生活中，从不逃避自己的责任。为了负起自己的责任他们甚至可以倾家荡产，可以牺牲性命。正是因为犹太人在任何时候都不会放弃自己的责任，所以他们在别人心中讲究诚信，在商场中注重契约。

在犹太人眼中，人永远无法逃避责任。自瞒自欺易，但却无法逃离世人锐利的眼睛。

不逃避自己的责任，自己的责任自己负，这是犹太人处世为人的一个原则。也正是他们这样做了，犹太人才在世界赢得了良好的声誉。

任何时候都不要鄙视他人

在犹太人的家庭教育中，犹太父母会给孩子们讲寓言故事，以此来教育孩子们对任何人都要以诚相待，不能鄙视任何人。

在犹太人的生活中，人与人的人格都是平等的，他们不会因人的地位不同或者财富的多寡而有高低之分。所以他们不鄙视任何人，包括社会最底层的乞丐。不歧视和轻看任何人，包括没有教养和知识匮乏的人，因为他们只是没有机会学习文化和礼仪而已。有一个在犹太民族中流传很广的故事，告诉人们不要以貌取人，更不要看不起穷人。

在安息日前夜，卡西就开始为安息日的到来准备所需的食物。这天，在他回家的路上，一个穷人向他乞讨，穷人自称乞讨的钱是用来准备安息日所需的食物。卡西听到后就非常生气地斥责穷人说："你怎么一直等到现在才买安息日食物呢？没有人会像你一样，你肯定是企图骗钱！"说完挥袖就走了。卡西回到家后，就把这件事说给妻子听。

妻子听后对他说："我得告诉你，是你做的不对，对于你来说，你从来没有体会过贫穷的滋味，对贫穷也没有什么想法和概念。而我从小就生活在穷人家里，我知道贫穷的滋味。我常常回忆过去，那时安息日快来了，几乎天全黑的时候我父亲还仍然为家人四处寻找食物，哪怕一点点干面包而已。而你却深深斥责那个穷人！"卡西听到妻子的这一席话，就赶紧回去寻找那个乞丐。当见到那个乞丐时，那人仍然在为安息日寻找食物。于是，卡西给了他安息日所需的鱼、肉、面包，并请他原谅自己！

犹太人认为：不论在什么时候，都不要鄙视、歧视别人和以貌取人。现实中，在一些犹太人聚居的地方，每一个犹太人的镇上或者村子里，都会有一个或者几个乞丐，但犹太人并不鄙视和歧视这些乞丐，照犹太人的信仰，乞丐也是一种获得了神允许的职业，他们是人们施舍的对象。犹太人素有尊学和重学的传统，对于所有犹太人的智慧，包括乞丐和残疾人，他们同样尊重他们。而那些乞丐或残疾人也不会因为自己的身份而轻看自己和放逐自己。在犹太民族中，一些乞丐是很喜欢读书的，其中还有不少人通晓《塔木德》。除此以外，他们还是犹太教堂的常客，经常以同仁的身份参加《塔木德》和《犹太教则》的讨论。

教育孩子真诚善待他人

善待他人就是真诚地对人，虽然有时候看起来是一种不要求回报的付出，但同样也能得到应有的收获。

善待他人其实就等于善待自己。善待他人，就是要人们用自己的理性、善意、爱心和责任去面对生活的现实。善待他人，能把自己融入人群，获得谅解、信任、友谊和支持；拥有一颗善良宽恕的心，能调整不平衡的心态，解脱孤寂的灵魂，走出无助的困境；善待他人，能在人生的道路上拥有一个快乐祥和的感觉，从而踏入一个充满机遇的境界，一个充满光明和希望的未来，才会呈现在你的眼前。犹太父母在教导自己的孩子善待他人时，常常会讲一个这样的故事：

在犹太社区中，有一个女孩，她非常善良、热情，很愿意帮助别人，在周围的邻居中有口皆碑。邻居家里有时候没有人，她就将邻居家的亲友请到自己家里给其端茶倒水，为路人指路、领路，上班时也很乐于帮忙多干活，帮同事倒水、倒垃圾等；她对助人为乐的解释是：能善待他人就善待他人，不要企图有什么回报，不求索取是一份坦然和快乐，当看到别人快乐时自己也更增添一份好心情！她的养父在过世前，曾卧病在床，她总是忙于上医院看望父亲，给父亲喂饭喂药，清理排泄物，轻轻按摩老人肢体等，尽管很忙，但给父亲的照顾样样细致周全。一天，和养父同住在一个病房的一名老年患者要去“方便”，他的孩子没在身边，脏物被排泄到地上和床上。打水回到病房的她正好撞见了这一幕，老年患者甚是尴尬，她一点都没有犹豫，就赶快动手帮忙收拾。这样的帮助不是人人都能“下得了手”的！这时，老人看着女孩感动得两眼热泪盈眶。

人都习惯把善待他人作为人类最美好的品质之一。一个与人为善、从善如流的人总是受到人们的称赞和尊重。虽然世界大文豪雨果当年曾说，在动物界，一只白鸽天生不会变成猛禽，这种事情可能只会发生在人类当中。可如果社会上到处都是善待他人的人，那世界将变得多么文明，人间也到处充满了爱！因为，善待他人，就等于是善待了自己，关爱了自己。每个人都有与生俱来的天性——善良，这种善良更需要后天日积月累的修养，只要不伤人格和尊严，有什么不可以善待和忍让的呢？与人为善，善待他人，就会多一份坦然和愉悦，就会增添一份好心情。如此说来，善待他人不正是善待自己吗？犹太父母对自己的孩子非常注重这方面的教育，这是每一个父母应当学习的地方。

第 09 辑

注重创新，标新立异是犹太人的特点

犹太人思路开阔，能够想人所不敢想、不能想，从而独辟蹊径，找到解决问题的新路子。这一点在他们最为擅长的经商上表现得淋漓尽致。善于逆向思维让他们从不拘一格的思路中收获了财富、收获了成功。

思维方式不仅是顺时针

创造性思维往往来自逆向思维。有人落水，常规的思维模式是“救人离水”，而在“司马光砸缸”的故事中，年龄还很小的司马光，面对小伙伴落水、生命垂危，自己和小伙伴的个头都没有水缸高，喊大人又来不及的险情下，灵机一动，果断地用石头把缸砸破，让水从缸的破口处流出来，救起了小伙伴，就是运用了“破缸留人”的逆向思维。

众所周知，犹太人是世界上最智慧、最富有的民族，但是他们的聪明才智到底源于什么呢？除却不断获取知识的学习态度，还有最关键的就是他们拥有发散的思维。遇到问题总是从多个角度去思考，而不仅仅是看到问题本身。古诗有云“横看成岭侧成峰”，用个性的角度和思维去考虑事情往往会有新的突破。摆脱传统的顺时针思维，犹太人认为逆向思维最可贵的价值，是它对人们意识的挑战，是对事物认识的不断深化，并由此而产生“原子弹爆炸”般的威力。我们应当自觉地运用逆向思维的方法，创造更多的奇迹。

有这样一个关于犹太人逆向思维的故事引人深思：

一天，犹太富翁哈德走进纽约花旗银行的贷款部。“请问先生，您有什么事情需要我们效劳吗？”贷款部营业员一边小心地询问，一边打量着来人的穿着：名贵的西服、高档的皮鞋、昂贵的手表，还有镶宝石的领带夹子……“我想借点钱。”“完全可以，您想借多少呢？”“1 美元。”“只借 1 美元？”贷款部的营业员惊愕地张大了嘴巴。贷款部营业员的头脑立刻高速运转起来，这人穿戴如此阔气，为什么只借1美元？他是在试探我们的工作质量和服务效率吧？于是便装出高兴的样子说："当然，只要有担保，无论借多少，我们都可以照办。""好吧。"犹太人从豪华的皮包里取出一大堆股票、债券等放在柜台上："这些做担保可以吗？"

营业员清点了一下，"先生，总共50万美元，做担保足够了。不过先生，您真的只借1美元吗？""是的，我只需要1美元。有问题吗？""好吧，请办理手续，年息为6%，只要您付6%的利息，且在一年后归还贷款，我们就把这些作保的股票和证券还给您……" 犹太富豪走后，一直在一边旁观的银行经理怎么也弄不明白，一个拥有50万美元的人，怎么会跑到银行来借1美元呢？

他追了上去："先生，对不起，能问您一个问题吗？""当然可以。""我是这家银行的经理，我实在弄不懂，您拥有50万美元的家当，为什么只借1美元呢？""好吧！我不妨把实情告诉你。我来这里办一件事，随身携带这些票券很不方便。我问过几家金库，要租他们的保险箱，但租金都很昂贵，所以我就到贵行将这些东西以担保的形式寄存了，由你们替我保管，况且利息很便宜，存一年才不过6美分……"

经理如梦方醒，但他十分钦佩这位先生，他的做法实在太高明了。

故事的结局令人们大跌眼镜又拍案叫绝，超乎常人的思维方式令犹太人解决难题时更能够游刃有余。犹太人只采用了"横向思维"和"反向思维"的方法，就取得了常人意料不到的效果。

为了锻炼孩子们的大脑，开发他们的思维方式，犹太人总给孩子们讲这样一个故事：

1875年初春的一个上午，亚默尔肉类加工公司的老板犹太人菲普力·亚默尔在报纸上看到这样一则消息：墨西哥被怀疑有瘟疫。

亚默尔眼睛一亮：如果墨西哥发生了瘟疫，就会很快传到加州、得州，而加州和得州的畜牧业是北美肉类主要的供应基地，一旦这里发生瘟疫，全国的肉类供应就会立即紧张起来，肉价肯定也会飞涨。

他立即派人到墨西哥去实地调查。消息证实后，亚默尔立即集中大量资金收购加州和得州的肉牛和生猪，运到离加州和得州较远的东部饲养。两三个星期后，瘟疫就从墨西哥传染到联邦西部的几个州。联邦政府立即下令严禁从这几个州外运食品，北美市场一下子肉类奇缺、价格暴涨。

亚默尔及时地把囤积在东部的肉牛和生猪高价出售。短短的三个月时间，他净赚了900万美元（相当于现在的1.3亿美元）。

看似不起眼的一篇报道，犹太人总能够独具慧眼和独辟蹊径，将信息转化成财富，这一切都归功于他们的创新思维。犹太人认为生活中到处充满机遇，只要你肯留心突破正常的思维模式，就能寻找到一条成功大道。

开锁不能总用钥匙

《塔木德》上的一句著名的格言是：“开锁不能总用钥匙；解决问题不能总靠常规的方法。”这也成为犹太人教育子女时经常说的话，他们更重视锻炼孩子的思维模式。希望孩子能够想尽各种办法去面对难题，想出的办法愈是新颖的、愈独出心裁，越能获得表扬。他们最不希望看到的是千人一面。

两个儿子大了，犹太富翁老了。

富翁一直在苦苦思索，到底让哪个儿子继承遗产？富翁始终拿不定主意。

想起自己白手起家时的情景，他忽然灵机一动，找到了考验他们的好办法。

他锁上宅门，把两个儿子带到一百里外的一座城市里，然后给他们出了个难题，谁答得好，就让谁继承家业。

他分别交给他们一人一串钥匙、一匹快马，看他们谁先回到家，并把宅门打开。

马跑得飞快，兄弟两个几乎是同时回到家的。

但是面对紧锁的大门，两个人都犯愁了。

哥哥左试右试，苦于无法从那一大串钥匙中找到最合适的那把；弟弟呢，则苦于没有钥匙，因为他刚才光顾了赶路，钥匙不知什么时候掉在了路上。

两个人急得满头大汗。

突然，弟弟一拍脑门，有办法了。他找来一块石头，几下子就把锁砸了，他顺利地进去了。

自然，继承权落在了弟弟手里。

犹太人自古就懂得，人生的大门往往是没有钥匙的，在命运的关键时刻，人最需要的不是墨守成规的钥匙，而是一块砸碎障碍的石头！现代犹太人也非常精于此道。

犹太人的传统宝典《塔木德》中讲述了这样一个故事：

大卫王从来对蜘蛛不屑一顾，认为它是随处结网、龌龊无比、毫无用处的怪物，对它厌恶至极。然而，在一次战争中，他被敌人包围，器械全部被缴获。在逃跑时，大卫王遁入一个洞窟之中，手中再无其他有利武器，他当时以为就算自己有再强的体魄，手无寸铁也难挡敌兵，自己想来必要葬身于此地。但正当大卫王绝望时发现了蜘蛛，于是他突发奇想，将蜘蛛放置洞口，不久蜘蛛就在洞窟入口处结起密集的网来。一会儿，追兵到达洞口，在此逗留良久，见洞口有蜘蛛网便告撤退，大卫王因而得救。

常规思维下人们定然想到奋勇杀敌、血拼杀场就要靠坚硬的武器，谁想到关键时刻一只不起眼的蜘蛛挽救了大卫王的性命。所以说面对困难时人要多方面考虑，可以用多种工具去替代，开启智慧的大门不一定要用钥匙，有时候只是一块砸碎障碍的石头或者一只不起眼的蜘蛛！

凡事都有解决的窍门

生活中总会遇到这样那样的困难，于是我们绞尽脑汁去想解决的对策。但是往往同一件事情，会有很多不同的应对方案，其中定会有便捷的、效率高的，但也有一大堆费时又费力的。其实任何事情都有解决的窍门，只要你用心去思考，多选择几条途径去进行比较，就能找寻出最为简单省事的方法。

有人曾高度地评价犹太人的聪明才智："三个犹太人坐在一起，就可以决定世界！"犹太人的聪明恰恰正表现在他们善于运用智慧去寻找"窍门"，轻松获得成功。犹太人的智慧宝典《塔木德》上就说："办法总比困难多，凡事都有解决的窍门。"

所谓"窍门"其实就是简单或者更为巧妙的方法，正如战场上的英雄并不一定各个身手不凡，有的时候仅仅是一些小的计谋就能令敌方全军覆没。学习上也是一样，为什么同样的作业量有的孩子仅用了一个小时就完成了，而有的孩子却要花费上两倍的时间呢？就是因为一些孩子不懂得寻找一些便捷有效的方法。

犹太人经常运用自身的智慧思考出一些“窍门”，从而不费吹灰之力巧妙地获取成功。

1956年10月，以色列军队企图夺取西奈半岛，而首要目标是埃及军队的核心要塞——米特拉山口。埃及驻西奈半岛守军将领当然也十分明白，一旦米特拉山口失守，那么西奈半岛也就难以掌控了。因此，他们除了派重兵镇守山口外，还在旁侧地带驻军策应，以备不测。“以我们目前的守备力量，我想，米特拉山口在我们手中是万无一失的。”驻守部队军官这样向上司说道。

10月的一天，米特拉山口的埃军阵地上空，突然出现了四架以色列野马式战斗机。“不好，敌人要来偷袭我们。全体进入阵地，准备战斗！”指挥员下达了作战命令。埃军士兵纷纷进入掩体，举起自动步枪，架起高射机枪，准备射击。可是，以色列战斗机并没有对埃军阵地进行机枪扫射，也没有投下炸弹，它们轰鸣着，一忽儿猛然掠地俯冲，一忽儿又直插云霄。低飞时距地面不过4米高，而升起时又不见了飞机的踪影。

埃军官兵对以色列战斗机的这种奇怪举动感到很奇怪。

“不要傻看了，快打电话向上司报告吧！”不知是谁提醒了一下，于是官兵慌忙摇起电话，准备向上司报告。可是摇了半天，电话机就是听不到声音。

“哦，是那几架该死的飞机把我们的电话线给割断了。这可怎么办呢？”

事情正是这样，以军用飞机的螺桨和机翼将埃军的电话通信线切断了。

埃军官兵一下子陷入了极大的惊慌之中，这时，一场大战开始了……

当整个部队处于高度戒备状态准备奋力迎战时，以色列军队只运用了四架战斗机就巧妙地切断了埃军的电话线，使他们失去外援，战争获胜的概率就大了很多。

很简单的一个故事却意义非常。短兵相接、真枪实战可能并无法取胜，这时候就需要开动大脑思考一些“窍门”了。在犹太人眼中凡事不深思熟虑、鲁莽行事的性格是最不可取的。

犹太人中间还流传着一个故事：

有一天，两个妇女来见所罗门王，站在他面前。其中一个说：“陛下啊，这女人跟我住同一个屋子，我在家生孩子的时候，她正住在那里。我生了一个男婴，两天后她也生了一个男婴。这屋子里只有我们两个，没有别人。一天晚上，她不小心压死了自己的孩子，就半夜起来，趁我熟睡时抱走我的孩子，放在她床上，然后把她那死了的孩子放在我的床上。第二天早晨，我醒来要给孩子喂奶，发现他已经死了，再仔细一看，才知道那并不是我的孩子。”

另一个女人说：“不！活着的孩子是我的，死的才是你的！”

第一个女人回答：“不！死孩子是你的，活着的是我的！”

她们在所罗门王面前就这样争辩起来。

所罗门王心想：既然她们都说活着的孩子是自己的，死了的孩子是对方的，那么……他对左右说：“拿一把刀来！”左右的人把刀拿进来后，所罗门王下令说：

“把这活着的孩子劈成两半！一半给这个女人，一半给那个女人。”

孩子的亲生母亲心疼自己的儿子，就对所罗门王说，“陛下，千万不要杀这孩子！求你把他交给那女人好啦！”

另一个女人却说：“不必给我，也不要给她，把这孩子分成两半吧！”

所罗门王说:“不可杀死这孩子!把她交给第一个女人,因为,她才是孩子的真正母亲。”

以色列人听说所罗门这种英明的裁决,都非常敬佩他;他们知道上帝赐给他智慧,使他公平地审判案件。所罗门确实不愧为睿智的君王,眉头一皱,就解决了一桩棘手的疑案。

那个恶毒的妇女,不仅想夺人之爱,而且还想将孩子一分为二,以求心理平衡。但上帝是公正的,正义终将战胜邪恶。

当我们遇到问题或困难时,不要退缩,更不要因为不知如何解决而惊慌失措,要默默地告诉自己:“会有办法的”,智慧和灵感总会在紧迫的时刻迸发,用心去思考一定能找到解决的“窍门”,还是那句老话——“世上无难事,只怕有心人。”只要肯动脑筋、勤于学习、发散思维,就会变成睿智的人。

风险越大,获益越多

犹太人的智慧宝典《塔木德》上说:“在别人不敢去的地方,才能找到最美的钻石。”也就是说,“高风险,意味着高回报”,只有敢于冒险的人,才会赢得人生辉煌。而且,那种面临风险、审慎前进的人生体验可以练就过人的胆识,这更是宝贵的精神财富。善于冒险的人毕竟是少数的,而犹太人则不然,他们常常逆向思维,认为风险越大获益也会越多。在他们看来,每一次风险都含着等量的成功因子。

生活中有人追求平平淡淡,但有的人却偏偏喜欢“剑走偏锋”迎难而上，在别人以为不可能实现的事情上努力突破极限。面对高风险的事情，大多数人都会选择退避，而犹太人却愿意进行挑战，在不被看好的前景下“赌”上一把，因为他们觉得只有大风险才有大收益。犹太人认为本本分分的生活永远不会获得更多的财富，不要只在意可能有的一点点风险而裹足不前。

犹太人最会赚钱也最具有“冒险精神”，他们教育孩子从小要学会冒险。机会往往就潜伏在别人不敢涉猎的领域，只要你通过思考觉得有商机，那么就要去尝试，畏首畏尾不会有所成就。别人都觉得风险太大的事情不能去做，因为失败了会一败涂地，但是犹太人会持不同的观点，他们认为如果一件事无法事前明确知道失败或者成功，那么就值得去冒险。这也是他们与很多普通人在思考问题方面的区别。

许多事情在做之前很难分清成败，当机会来临时，不敢冒险的人，永远是平庸之人。而犹太商人大多具有乐观的风险意识，并常能发大财。犹太大亨洛克菲勒的一次冒险成功，就很能说明这个问题。

洛克菲勒踏入社会后的第一份工作就是在一家名为休威的公司做书记员，这是他精于计算的良好开端。

在休威公司的第三年，他已经对中间商的生意掌握了十之八九，并且对这个行当跃跃欲试。在这一年，他未经老板同意，就自作主张地做起了小麦粉和火腿生意。不久，新闻媒介报道的饥荒在英国发生了，使他的计划得以付诸实施。休威公司把囤积在仓库里的食品货物发往欧洲饥荒蔓延的地区，赚得了巨额利润。为此，洛克菲勒要求公司为他加薪到800美元，但老板支支吾吾。于是，洛克菲勒决定辞掉这份工作，创办自己的公司。

1859年8日，在克利夫兰街32号，洛克菲勒与人合伙经营的“谷物牧草经纪公司”开张了，当时洛克菲勒才不过19岁。在这个经纪行里，他仍然主要干老本行——经营各种与数字联系密切的资金等项目。他的合作伙伴克拉克则当“外场”——应付顾客、委托商品的交接。克拉克对洛克菲勒的缜密工作十分欣赏。他形容说：“他有条不紊到极点，留心细节，不差分毫。如果有一分钱该给我们，他要取来，如果少给客户一分钱，他要客户取走。”

由于洛克菲勒的勤奋工作和精明头脑，南北战争的爆发再一次成为洛克菲勒发财的契机。为了逃避服兵役，洛克菲勒曾找过不止20个替身，并且向北军捐了大笔钱款。

尽管洛克菲勒逃过了兵役，避免了在这场残酷的战争中和60万年轻人一样失去生命，但他也并不是两耳不闻天下事，相反，他密切关注战争局势的发展。在经纪公司的办公室里，他的墙上挂满了战况图和各种从华盛顿传来的政治新闻以及前线的最新动态。公司的职员们常常看到洛克菲勒在他的“陆军参谋部”里走来走去，不时用笔在内容丰富的墙上点点画画，或埋头记录着什么。洛克菲勒通过对战争形势的分析，把投机生意做得非常红火。

没有人喜欢失败，人人都可能成功，成为一个富有的人。但是，当财富敲响大门时，并不是所有的人都能抓住机会，把走到自己家门口的财富留下来。人们常犯的错误是，在已经撞到自己眼前的机会面前患得患失，犹豫不决，或是没有做好准备，对突如其来的机会麻木不仁，没有反应，让机会在自己面前溜走。

犹太人常说，你看到有风险吗？没有看到？恭喜你，你可以先睡一觉，因为目前还没有什么可以做的事；你遇到风险了吗？遇到了？恭喜你，利润会奖励你不畏风险的勇气。冒险是通向强者的必由之路，在很多情况下，强者之所以成为强者，就是因为他们敢为别人所不敢为，逆向而行终获成功。

活用一切有利条件发挥潜能

犹太人能适应环境，活用一切有利条件，充分发挥自己的潜能，这就是他们能够取得成功的一个重要原因。由于历史的原因，他们所处的环境条件差别非常大，但不管在美洲还是欧洲，或在亚洲乃至非洲，不论从事科学技术事业、商业或文化艺术乃至农业，都涌现出大批杰出人才。

亚希1882年出生在一个犹太人的家庭里。11岁丧父，从此之后，生活便一度陷入了困境之中。他为了生计，流浪到英国伦敦，在铁匠店当打杂童工，不嫌弃和躲避脏活儿、累活儿。他没有机会去学校学习，就利用自己工作的空余时间进行文化知识的学习。他到了美国生活以后，从一开始打工到后来自己经营手套工厂、经营好莱坞电影制片，最后他成了好莱坞最大制片中心的老板。亚希的发展过程可称得上是众多犹太人的生活缩影。

因为以色列的住房问题非常紧张，曾有几个犹太商人将一个报废的火车车厢用做了临时的住处。一天晚上，他们在寒风中颤抖不已地来回推动车厢，一个当地人感到非常奇怪，就说："你们的行为实在让我感到奇怪，为什么你们几个人将车厢推来推去呢？"这几个推车厢的人便笑着耐心地解释道："车厢里写着：停车时禁止使用厕所。因为有人要上厕所，因此，我们才要这样一直不断地推动车厢。"

乍看起来，你可能会觉得这几个犹太人，根本不知道变通，晚上那么冷却让自己受这么大的罪，冻得要命，环境卫生也很差。然而，从另一方面来讲，就不难理解犹太人出色解决问题的变通能力：他们只是从形式上遵守规定，但又不是真正地去改变自己原有的活动方式——“停车时禁止使用厕所”，这条规定是铁路部门定的，这几个犹太人没有立法的权利，也就没有什么办法将这项规定废除。对于这几个在火车车厢中蔽身的犹太人，就如同长期流散在其他民族和社会中的犹太人一样。在那些看起来实际“作用”的法律或约定的规矩面前，聪明的犹太商人就想出了让列车“动起来”的好办法。可见他们与我们通常所说的变通的不同之处。

适应性是人类生存能力的一种，灵活性是人处在一种固定不变的环境中，改变自己的能力。在形势变化或者环境变化的时候，你的处世态度也应该随之改变，否则你会失败或者吃亏。

有借势整合资源的本领

《塔木德》中有一句话这样说：一切都是可以借的，借金钱、借人才、借技术、借智慧。善于借势得以成功，就是说这个世界早已准备好了一切你所要的资源，你所要做的仅仅是把它们整合起来，运用智慧把它们有机地整合起来。对于犹太人来说，会借用他人的优势是很重要的，所以他们在孩子很小的时候就教育孩子学会借用他人的力量。

芬尼斯先生是个著名的鞋业商人。他出生在一个犹太人的家庭，父母都很热爱体育事业，妈妈参加过世界锦标赛，爸爸是名教练。父母一心想培养孩子做运动员，芬尼斯喜欢长跑，参加了长跑队。他胆大、聪明、喜欢独树一帜，但是长跑成绩总是不好，被迫告退回家。父母送他到了叔叔亨利的经贸公司，他负责销售工作，一年能赚10多万美元。4年后，亨利想提拔他，芬尼斯拒绝了，他说他喜欢体育，喜欢穿着运动鞋在运动场上奔跑，他梦想着能够穿上自己造的鞋，在绿茵场上一展雄风。他想自己独立开一家鞋业公司，但他并不懂这个行业，于是，就到处去找制鞋专家求教，一点一点地学会一些制鞋的本领。父母很反对，但他不顾父母的反对，就用自己之前赚取的钱，创办了一家鞋业加工厂，从最基础的做起，自己招来制鞋工人，专家的指点也派上了用场。结果，由于手艺巧妙，很快在当地就小有名气，这使他的野心大大增加：把自己的品牌打造成世界名牌。他一直向往着，并且很努力，凭着他的胆大和独树一帜的性格，多年后，他实现了梦想，成为同行业的翘楚。

芬尼斯的成功，就在于出色的借势推销术，将产品千方百计地争取给顶尖运动员穿上，这样的活广告产生的效应，比任何媒体上的广告更有实质意义。巨大的成功，都是乘势借力的结果。犹太人借势借力的功夫不得不让人佩服！

借鸡生蛋，善假于物，最能体现一个人的智慧了。乘车可至千里，坐船可以过江河，都是因为借力的缘故。因为就算你身上都是铁，又能打出来几颗钉呢？犹太人有那么多的学者能获得诺贝尔奖，有那么多科学家创造出世界级的发明，都是从前人创造的基础上升华的。如物理学家布洛赫，他能够在原子核磁场方面取得前人没有的成就，也是与他得到著名物理学家、量子学奠基人海森堡的指导分不开的。

创新是一个人最好的资本

在20年前就有人预测，有两种人能成为成功者：一种是能把职能实现新组合的人；一种是敢于大胆创新者。这两类人其核心竞争力都是创新。当今的社会是一个信息的社会，起决定作用的是你资源丰富的大脑。在社会中，如果你想让自己跟上时代的步伐，创新便是你赖以成功的资本。

犹太人都存在着一个显著特征：遇事头脑冷静，面对问题思维灵活、解决问题机动多变，总能找到多种方案，而不是一味地钻牛角尖。也就是说，这些成功者之所以能闯出一片天地，就在于他们惯于充分培养、发挥自己思维的创新能力。所以犹太人常说："什么才是一个人成功的资本？一切资本的获得和保持，往往建立在创新的基础上，所以，人最好的资本就是懂得创新。"

犹太人杰伦现在是施霸商业亚太区的高管。自参加工作以来，他就一直保持着主动创新的热情。比如，他清楚知道谁了解客户在想什么谁就能攻占市场的道理，他便总是想尽办法去获得客户的资料。

一开始，他只是在一家连锁录影带店里做"小弟"，但他却拥有一份珍贵的客户花名册。说它珍贵，就在于它的内容，不仅包括常到店里租录影带的客户基本身份资料，还包括他们的联络电话地址，以及他们对影碟的喜好，看影碟时吃的零食……这些都是杰伦利用各种途径获得的信息，当然，这些对他的工作帮助极大，也为公司创造了可观的利润。

杰伦的出色表现最终引起了猎头公司的注意，因为他在大学时修的专业是食品加工与销售，所以他被挖到一家食品连锁店里做策划总监。

于是，杰伦业余时间又开始收集当地居民的生活资讯，特别是有关食品的，甚至有时他还沿街检查豪宅倒出来的垃圾，分析哪种速食品是名人、富人们的最爱……

不久，杰伦就在超市里推出了他的第一个举措：不再将货品标价明示在外，顾客必须按一下价格钮，价钱才会在液晶屏幕上出现。这样，一天下来便可得知哪些产品畅销，哪些是冷门货，得赶快下柜……

杰伦通过这种不知不觉中对顾客进行“民意测验”的新奇方法，很快就为老板创造了巨大的商机和利润，他也成了老板身边的红人，为他的成功铺就了宽敞的大道。

杰伦的经历向我们展示了一个显而易见的道理：创新是一个人最好的资本，要想成为成功的人，就一定要尽力使自己具有创新思维的特征，要尽一切可能寻找解决工作问题的方法，并通过解决各种问题来证明自己的工作能力，显示自己过人的工作魄力，体现自己不凡的个人价值以及与公司同舟共济的精神。

但生活中，像杰伦这样勇于创新、主动求变的人却并不多见。思维决定命运——一个人有什么样的思维，就会有什么样的行为；有什么样的行为，也就会得到什么样的结果。

比如，如果你在工作的每一阶段，总能找出更有效率、更经济的办事方法，你就能提升自己在老板心目中的地位，你将会被提拔、被实际而长远地委以重任。

一家调查公司的调查显示，当今成功的人才必须具备的创新特征是：敢于标新立异、热爱所从事的职业、漠视财富的积累、有较强的学习能力、乐于面对工作的挑战和对知识的不断更新增值。那些能成就大事业的人未必是个禀赋过人、才高八斗的人，只要他有一定的可塑性，时时知道自己正在干什么，接下来应该干什么，即清楚自己从哪里来，要去哪里，并始终探索着“来－去”的最短直线距离，最终，他才会成为一个成功者。

灵活处理问题才有出路

在犹太人看来，变通是成功道路上的一个必然选择。就像诺贝尔奖得主莱纳斯·皮林说的那样：“一个好的研究者知道应该发挥哪些构想，而哪些构想应该丢弃，否则，会浪费很多时间在差劲的构想上。”

在很多时候，由于种种原因，人们的目标和思维会使自己处于一个两难的境地，这时，最明智的做法是学会灵活处理问题，这样往往能解决大难题。

在1984年洛杉矶奥运会以前，历届奥运会都无一例外地让承办国在经济上不堪重负。例如1976年，加拿大蒙特利尔市承办奥运会，亏损达10亿美元，至今加拿大人还要为此交纳“奥运特别税”，预计到2030年才能还清全部债务。而1980年在莫斯科举行的奥运会，据当时的苏联政府说至少花费了60亿美元之巨。

46岁的犹太人尤伯罗斯临危受命，承担起筹备1984年第23届奥运会这项艰巨任务。筹委会一成立就明确宣布，本届奥运会完全“商办”，组委会是独立于美国政府以外的“私人公司”。为了筹集资金，尤伯罗斯绞尽脑汁，决定利用一切可以利用的力量。盛况空前的洛杉矶奥运会，尤伯罗斯不仅没花东道主美国一分钱，而且还创造了2.1亿美元的盈余。

本届奥运会最大的一笔收入，是出售电视实况转播权。组委会开出的国内独家转播权的价格是3.2亿美元。这个价格是蒙特利尔奥运会电视转播权价格的6.6倍。价格开出后，美国三家最大的电视广播网都认为价格过高，一时难以定夺。美国广播公司请了几十位经济专家仔细计算，认为有利可图，于是，先下手为强，抢在全国广播公司前买下了电视转播权。

世界知名公司赞助款项也是收入的重要来源。本届奥运会规定，正式赞助单位为50家，每家至少赞助800万美元，在每一项目中只接受一家赞助。而赞助商都可取得本届奥运会上某种商品的专供权。这样一来，各厂商为了宣传自己，互相竞争，出高价抢夺赞助权。

运用卓越的推销才能，尤伯罗斯成功地挑起同行业间的竞争。当国际商业机器公司决定不参加赞助的时候，尤伯罗斯打电话给该公司的主席，他巧妙地警告对方，另一家名称只有三个英文字母的规模巨大的电脑公司也有兴趣。这小小的一个电话逼得对方乖乖签约。

柯达公司也认为赞助费太昂贵，表示没有一家摄影器材公司愿意付出800万美元赞助费时，尤伯罗斯警告他们，外国竞争者同样可以争夺本届奥运会赞助权，该公司仍然执迷不悟。尤伯罗斯毫不迟疑地把赞助权售给日本的富士摄影器材公司。于是，日本富士公司以1000万美元的赞助费，战胜柯达，取得本届奥运会专用胶卷供应权。

“百事可乐”和“可口可乐”两家饮料公司的竞争也十分激烈。“可口可乐”抢先一步开价2000万美元，成为本届奥运会开价最高的赞助，取得了饮料专供权。

这届奥运会的门票价格是相当高的，开幕式和闭幕式门票售价分别为200美元、120美元、50美元三种，门票总收入达9500万美元。

奥运会火炬是在希腊点燃的，这一届洛杉矶奥运会在美国国内的传递仪式，由东至西，全程15000公里，沿途经过32个州1个特区。火炬接力采取捐款的办法，火炬传递权以每公里3000美元出售。仅这一项收入就达

4500万美元。

在短短的十几天内，第23届奥运会赢利2.1亿美元，是原计划的10倍。尤伯罗斯本人也得到了47.5万美元的红利。

在闭幕式上，国际奥委会主席萨马兰奇向尤伯罗斯颁发了一枚特别的金牌，报界称此为“本届奥运最大的一枚金牌”。尤伯罗斯创造了震惊世界的奇迹，他的名字，将永载奥运会的史册。

一个人要想在事业上成功，首先是要灵活处理问题，但灵活处理问题不是无原则的随意行动，它必须是合理的，即合乎实际情况和客观规律。如果只是一味地坚持既定的方针，而不知变通，往往是投入了大量精力，最终还是一事无成。

在人生的竞技场上，要想孩子做出与众不同的事业，必须教会他们学会变通。因此，不要抱怨孩子不成功，关键看孩子能不能有灵活处理问题的智慧。

让孩子只做认真思考的事

思考的人，他的思维是全面的，在别人说一的时候，他想到的应该是二。有些人就是靠这样多想几个问题成功的。犹太人善于思考，因此他们才会有如此突出的成就。

犹太人在法庭上是这样规定的：如果所有的法官都一致判定某个人犯罪，那么这个判决是无效的。因为都是一样的观点，说明这个案子大家都只看到了一个方面，而忽略了另一个重要的方面，因而大家的观点都是片面的，不具有客观性。如果一部分法官认为是有罪的，而另一部分法官认为是无罪的，那么这个判决就被认为是客观的，是有效的判决，因为有不同的观点出来，证明大家是从各个角度看问题的，是比较全面、客观的评价。

同样，在作证的时候，至少必须有三个证人出具证明才可以证明这个人是否有罪。因为这三个证人是从不同的角度来阐述这个人的犯罪情况，因而他们的意见可以采纳。

犹太人中流传着这样的一个小寓言：

一只蜜蜂和一只苍蝇同时掉进了一个瓶子，在这个瓶子的瓶口处有一个小口。蜜蜂整日在瓶子底部转来转去，它每日充满希望地一刻不停地咬啊、叮啊，它想只要自己叮破这个瓶子，就可以出去了。结果，三天之后，它死在了瓶子里面。而苍蝇呢，它在瓶子里转了几圈后，发现四周都很坚固，于是就想最好能够找到一个出口，这样才能够逃生。想到这里它就四面八方地寻找出路，结果意外地发现最上方有一个口子，很快便飞了出去。

这个小寓言告诉人们，遇到事情之后不要盲目行动，一定要先动脑筋，准确地找到奋斗方向，把主要精力放在寻找解决问题的突破口上。反之，像蜜蜂一样不停地埋头苦干，虽然极为勤奋，终是徒劳无功，枉费心机。

这也就是为什么许多人终身劳碌却一无所获，而有些人不甚忙碌却颇为富有，甚至是不劳而获。后者看似清闲，却是把全部的精力放在了他们真正应该投入的地方，放到思考上面了，他们明白应该在什么地方投入更多精力，而在有些事情上根本不需要投入精力。前者看似终日奔忙，但是他们却不动脑筋，不知道自己真正应该做的事情是什么。他们的原则是：这是工作，就要完成。至于为何要完成这些工作，怎样才能完成这些工作，他们全然不知。在这些问题面前，他们变得糊里糊涂。他们一心想的是快干，快干，再快些。这样，大量的精力被放在了一些不重要的事情上，以致错过了干重要事情的机会，因小失大。

在华尔街，聚集了为数众多的投资者，是世界上最为精明的投资者的争夺宝地。许多投资者每天都要紧盯着电脑看行情的报价，不放过任何一个可以看到的有关市场分析、评论的文章，因为他们明白，错过任何一条有价值的信息，就可能失去一次绝好的发财机会。因此，他们整天都待在自己的办公室里，紧张地研究和分析各种可能的情况。回家之后，还在不停地思考和预测未来的变化。仅在办公室里，他们每周都至少工作 80 个小时以上，然而，每每事与愿违，他们的投资大多都以亏本告终。

与此同时，著名的金融家摩根也在这条街上。不过他与众多的投资者不同，人们看到他大多数时间或者是在休假，或者是在娱乐，他每周的工作时间不到 30 个小时。人们大为不解，就问他为何经常玩乐还轻松地赚到了那么多的钱。他回答说："那其实是工作的一部分。只有远离市场，认真思考，才能更加清楚地看透市场。那些每天都守在市场的人，最终会被市场中出现的每一个细节所左右，也就失去了自己的方向，被市场给愚弄了。"摩根赚钱的方法，是很值得人们思考的。

"有些事情何必自己去干呢，你只需要干自己必须去干的事情，其他的事情交给别人去干好了。一个人倘若事必躬亲，不论其才干多么高超，也难以兼顾。"洛克菲勒说，"我永远信奉干活越少、赚钱越多的真理。你只须做那些需要自己认真思考的事情，这才是你的任务。"

第 10 辑

珍视时间，时间观念决定人生走向

时间对一个人意味着什么？在犹太人看来，不仅意味着金钱，更意味着生命，恐怕世界上没有哪个民族像犹太人这样珍视时间。犹太人会尽力压缩做事情时时间中的“水分”，所以，他们利用时间的效率奇高，而且会以时间衡量事情是不是该做和怎样去做。

把时间看成金钱

在犹太人的字典里，时间就是金钱。珍惜时间，与赚取金钱是一样的。因为犹太人明白，只有足够的时间加以支配，才能够思考、工作，才有成功的机会。成功都是大量艰苦的劳动换来的。劳动需要合理的分配、利用和把握时间。

你要等待救世主的到来吗？那你把每一天都当做最后一天吧。犹太人就是这样紧迫地看待时间的，时间就是金钱，是绝对不可以随便浪费的。惜时如金，是犹太人成功的不贰法宝。犹太人有句格言“勿盗窃时间”。在犹太人看来，时间和商品一样，是赚钱的资本，可以升值利润，因此盗窃了时间，就等于盗窃了商品，也就是盗窃了金钱。

一天工作8小时，犹太人经常按秒计算。他们以“马上解决”作为座右铭，认为拖延工作是最可耻的事，在能力卓越的犹太人办公桌上，看不见“未决”的文件（也就是没有做完的文件），因为一看办公桌就可知那个人有无能力了。

美国金融巨头约翰·皮尔庞特·摩根被誉为“华尔街的拿破仑”，他就是惜时如金的犹太人。摩根是金融寡头，曾经风靡一时。他几乎控制了美国经济的半壁江山，并曾经两度让美国经济起死回生。他拥有的金钱之巨，令人咋舌。但是辉煌财富的背后，有摩根珍惜时间、辛苦工作的影子。

为了更好地工作，提高工作效率，摩根的办公室和其他人的办公室是连接着的，这样一来各部门经理们有什么需要请示的，可以就近征询他的处理意见，无须层层转达，省却不必要的环节；二来如果工厂出现了什么问题，可以直接来找他，他不会让问题的处理被拖延，哪怕仅仅是一分钟。

虽然如此，每天仍有很多问题需要他去处理。摩根就采用犹太人独有的处理方式，在和人会面的时候，直接地问有什么事情要处理，他一般简明扼要地交代三两句，就把来人打发了。他的部门经理们都知道他的这种作风，于是向他汇报工作的时候，都注意干净利落地说明问题，任何含糊和拖泥带水的言行工作都会遭到他严厉地批评。

摩根很少和人客套寒暄，除非是某个十分重要人物来了，他才会客套几句，但是他有个原则就是与任何人的聊天时间不超过5分钟，即使是总统来了，他也一样对待。这样做的目的是充分提高时间的使用效率。虽然这种珍惜时间的作风让他周围的人感到不愉快，可是对摩根这样的大忙人来说，有时间赚钱比什么都重要。

就这样摩根成为美国历史上无可复制的传奇，曾有人把它称作是“华尔街之子”。至今，摩根财团仍然是华尔街的金融巨子。

犹太人认为，时间远不止是商品和金钱，时间是生活，是生命。所以，犹太商人很乐意花钱在能提高效率的任何事情上，买到了效率，就等于买到了时间。钱可以再赚，商品可以再造，可是时间是不能倒流的。因此，时间远比商品和金钱宝贵。

告诉孩子：今天就是最后一天，永远不要等待明天，因为没有人知道明天会是什么样子。时间就是金钱，一分钟都不可以放弃。抓住了时间，就等于找到了机会，就等于成功了一半。

不去浪费他人的时间

人最不该浪费的东西就是时间，因为时间是不可倒流的，而他人的时间，更不可以随便占用和浪费。对于犹太人而言，时间就是金钱。

犹太人通常会告诉孩子，“谢绝会客”不是礼仪方面的不尊重，而是对时间的珍视。在犹太人看来，时间是宝贵的，预约是对他人最起码的尊重，时间是不能浪费的。

曾经有一位颇有能力的青年主管前往纽约市办事，办完事，看看还有时间，为了有效利用时间，就前往纽约一位著名犹太商人的公司，打算会晤该公司的主管。一进公司，他就进行了自我介绍：

“我是某公司的部门主任，是贵公司的合作伙伴，我此次来纽约办事，顺便想拜访一下贵公司的宣传部主任。”

前台小姐对滔滔不绝的年轻人并没有多少亲近感，随即问道：“请问先生，事先已约好时间了吗？”

这位青年主管，被问得有点不好意思，为了挽回面子，他继续强调说：“我是某百货店的，此次来纽约考察，因工作需要，特来请教贵公司的宣传部主任。”

“对不起，先生！我没有查到您的预约记录，请回吧！”

就这样，他被拒绝了。青年人没有办法，只好悻悻地回去了。

虽然这位职员珍惜时间、主动访问同行的做法在单位处处得到夸奖，可是，他们的这种工作作风，对于惜时如金的犹太人来说，是行不通的，他们绝不接待未经预约的不速之客。

有些人可能会觉得犹太人似乎没有礼貌，聊一会儿也是友好的表示嘛！可是犹太人却说：“你和我约定了时间却迟到了一分钟，你已经没有礼貌了。你和我客套，但是没有给我带来额外的好处，浪费了我赚钱的时间，你就更没有礼貌了！说好谈判25分钟的，可是你谈到了30分钟还说只有几句话了，更是对我时间的严重的浪费，你连最起码的礼貌都没有了！”……

所以犹太人在做任何事情之前，都是事先做好严谨的计划，无论是谈判还是赴会。谈判一般就是直面主题，从来不拐弯抹角；赴会也就是例行公事，不会拖延时间。

不浪费他人的时间，是犹太人对待时间的基本态度，也是犹太人的道德标准。在他们看来，浪费他人的时间就是对别人最大的不尊重。犹太人务实，他们不会给予他人一些优待，以显示自己的善良和真诚。

把握好自己的时间

犹太人喜欢紧张地工作，一分钟都不可以浪费，因为要经商就要有时间，必须有大量的时间可以让你支配，否则是不会轻易成功的，成功是经过大量艰苦的劳动得到的。但是他们更善于利用和把握时间。

一个商人要赚钱，首先就要考虑如何合理地安排好时间。有的人认为时间很多，有的人认为时间很少，其实时间都是一样的，对每一个人来说都是等同的。一样长的时间就看你怎么用了。时间就像海绵里的水，只要善于挤，就总会找出来，若不善于挤，当然就没有了！商人的时间更是如此，要想赚钱，首先就得有赚钱的时间。会赚钱的商人，首先是一个管理时间的高手。

既然时间如此宝贵，而且也是一笔赚钱的资源，那么如何来配置这份资源而使其效用最大化呢？对于不同的人，时间的效用是不一样的，一个喜欢读书的人，当然希望把时间花在读书上，而一个商人则更多地想着如何利用好时间多赚些钱。但无论如何，时间就像一块蛋糕，总要被分成好几块，一块用来工作，一块用来休息，一块用来学习等。

总之，时间面临着一个如何分配的问题。对犹太人而言，浪费了时间，就等于浪费了金钱，他们对自己的时间，可谓精打细算，晤谈要预约日期和具体时间，甚至从某时某刻到某时某刻都规定得清清楚楚，晤谈时从不允许迟到或拖延时间，处理函件时一律谢绝会客，甚至到了年老时，他们还会细细估算还能活多久，以便知道自己还能赚多长时间的钱，还可享受多久。

我们每天都面临着许多事情，它们或多或少都要占用我们一些时间。但总的来说，我们的时间可分为可支配时间和不可支配时间。对于前者，我们可以根据具体的情况来安排和调整，但对于后者，我们却无能为力，比如一些你不得不应付的事情，由不得你来决定和安排，这种时间是不可管理的，你所能做的只能是应付。对于可支配时间，就可以根据情况来调整分配，充分利用。对于商人或管理者而言，善于识别和安排可支配时间是非常重要的。

犹太人把时间看得十分重要，在工作中也往往以秒来计算时间，分秒必争。一旦规定了工作的时间，就严格遵守。下班的铃声一响，打字员即使只有几个字就可以打完，他们也会立即搁下手上的工作回家。因为，他们的理由是“我在工作时间没有随便浪费一秒钟时间，因此我也不能浪费属于我的时间。”瞧！这就是犹太人的时间观念。

如此强烈的时间观念大大提高了他们的工作效率，他们严格地杜绝各种浪费时间的行为。他们把时间和金钱看得一样重要，无故浪费时间和盗窃别人金柜里的金钱一样是罪恶的事情，犹太人为此计算了浪费时间并由此带来的经济损失。一个犹太富商曾经这样计算过：他每天的工资为 8000 美元，那么每分钟约合 17 美元，假如他被打扰而因此浪费了 5 分钟时间，就等于自己被盗窃现款 85 美元。

犹太人的计划是任何人都不可以打扰的，如果谁有什么重要的事情，必须提前预约，他们才可以给你安排时间，否则，他们只会按照自己既定的时间表进行他们的活动。

在犹太人的思想观念里，时间是如此重要，千万不可以随便浪费。即使一些看来是必要的活动，也被他们简单化了。比如客人和主人约定时间谈事情，说好在上午 10 点至 10 点 15 分的，那么时间一到，就请自动起身，无论你的事情是否谈完，都请自动离开。犹太人为了把会谈的时间尽量压缩，通常见面后，他们便直奔主题“今天我们来谈谈……”而不像其他民族，见面就说一些“今天的天气不错”之类的客套话，在犹太人看来那些是毫无意义的，纯粹是在浪费时间，除非他觉得和你客套能从中得到什么好处，才跟你客套几句。

犹太人常和时间赛跑

所有犹太人的时间观念都特别强，他们喜欢那种快节奏、高效率的生活方式，他们办事快，适应都市的生活，尤其是大都市的繁忙生活。犹太人的人生观就是：人生就像我们从救火场里抢东西，我们从里面能够抢出的东西越多，我们的人生才越有价值。犹太人做生意的名言就是：要在两列火车会车时做交易。

用金钱买时间，用智慧换效率。犹太人总是能打破思维定式，做出一些与众不同的事情。

犹太人把时间看得那么重，是有其道理的。时间是任何一宗交易必不可少的条件，是达到经营目的的前提。与对方签订合同时，要充分估计自己的交货能力，是否能按客户要求的质量、数量和交货期去履行合约。如果可以办到，就与其签约，如果办不到，切不可妄为。

时间的价值还显示在赶季节和抢在竞争对手前获取好价格和占领市场方面。在竞争激烈的市场中，谁能在市场上一马当先，把质优款新的产品抢先推出，谁就一定能够获得较好的经济效益。就像蔬菜，在反季节时的价格会高于盛产季节数倍。为什么会出现如此大的反差呢？这显然是“时间”的价值。

时间的价值还表现在生意的全过程。一个企业经营效益的高低，是与其经营费用水平的高低息息相关的。根据众多的企业核算，其经营费用中有 70% 左右是花费在占用资金的利息上。如一个企业一年的营业额为 10 亿美元，其资金年周转率为两次，言下之意，该企业每年占用资金为 5 亿美元。按通常的银行利息为 12%（年息）计算，一年共支付利息达 6000 万美元。如果该企业能把握一切时间和进行有效管理，使资金周转达到一年 4 次，那么，其支付的利息就可节省 3000 万美元，换句话说，该企业就可多盈利3000万美元了。除此之外，加快货物购入和销出，加快货款的清收等，都体现出时间的价值。

南非首富巴奈·巴纳特刚到伦敦时还是个一文不名的穷小子。他带了40箱雪茄烟到了南非，用雪茄烟作为抵押，获得了一些钻石，在短短的几年中，他成了一个富有的钻石商人和从事矿藏资源买卖的经纪人。

巴纳特的赢利有一个呈周期性变化的规律，这就是每个星期六是他获利最多的日子。其奥秘就是他巧借了一个时间差。

因为星期六这天银行较早停止营业，巴纳特便可以用空头支票购买钻石，然后在星期一银行开门之前，将钻石售出，用所得款项在自己的账号上存入足够兑付他星期六开出的所有支票。巴纳特利用银行停业的一天多时间，拖延付款，在没有侵犯任何人合法权益的前提下，调动了远比他实际拥有的多得多的资金。

无论是时间差，还是抢时间，时间都是犹太人不可放弃的有限资本。他们善于利用时间，让每一分钟都发挥出最大的经济价值。

教育孩子不做时间的奴隶

虽然犹太人的时间观念非常强，但是他们不是盲目地追求时间，被金钱所役使。毕竟金钱是无限的，而时间是有限的，用有限去追求无限，本身就是不可能的。犹太人知道时间是生活，是人生。适当的时候是需要停下来休息一下，感受一下生活，感悟一下人生的。

生活很紧张，有很多人常常为了努力工作，而逐渐远离自己本来应该拥有的生活。犹太人认为，乍见之下，“忙碌”似乎是一种勤勉，其实不然，忙碌并不是一味地值得称赞。

在犹太人心中，工作对人生是有益的，但是如果一个人只知道工作，而不知道休息的话，他们就会失去人性。因此，在假日里，他们脱离所有工作的羁绊，全身心地休息。

有一则故事说，在沙皇尼古拉斯二世统治时期，两个犹太人走在莫斯科的林荫道上。一个有居留证，另一个没有。突然，他们看见一个警察。

“快跑——！”没有居留证的那个说，“当警察看到你跑就会认为你没有居留证，他会去追你，这样我就有机会跑掉了。反正你有证，他不能把你怎么样。”

于是有证的那个就开始跑。警察一看见他跑，马上飞快地追了上去。几分钟之后他抓住了跑的那个。

“啊哈！”警察自信地说，“你肯定没有证件！”

“没有证件？你凭什么判断我没有证件？”那个犹太人边说边掏出证件递给警察。警察一下子很尴尬。

“那你为什么一看见我就跑呢？”

“我的医生建议我经常做一点锻炼。”

“那难道你没有看见我在追你吗？”

“看到了，我以为医生也给了你同样的建议呢！”

当一个人不思考事物本质时，就摸不准人生的方向。有可能越想接近事情的本源，就越偏离。因此，犹太人认为，应该松弛一下自己紧张的心情——放下一切工作，去思索一些问题，虽然有些问题永远也没有答案，但是你已经深刻地认识了这些问题，让你找到自己的人生出路。所以，人还应该学会放松自己，学会去休息。

经常让自己安静下来，思考一下人生的人，才能游刃有余地处理好各种事情，充分地享有一个丰硕的人生。

“时间就是金钱”早已成为人所共知的经典，但它却被犹太人领悟得最早。不仅如此，犹太人更把时间看成是生命。时间究竟是什么，它又有多宝贵，绝大多数人是无从知晓的。许多时候，当人们认识到时间的宝贵时，时间已匆匆而去。生命不可重复，时间对每个人只有一次，对时间的损失我们永远无法弥补，谁能抓住时间，谁就是成功者。

但犹太人绝不做时间的奴隶，他们更懂得生活，更懂得休息。如果为了工作而占用了享受生活的时间，那便是罪恶。

有一位犹太拉比戴着一块手表，背面镌刻着“爱惜光阴”四个字。他把这块表拿给学生们看，学生们不以为然，认为这根本就是俗套，毫无新奇之处。拉比惊异于学生的无动于衷，他慢慢地说：

“有一句俗话叫‘时间就是金钱’，这句话并不对，因为它让人产生误会。假如说时间就是金钱的话，我们就只能为金钱所累，为时间所驱使。因为金钱的欲望是无限膨胀的，但时间却是有限的，用有限的时间去追逐无限的金钱，我们就永远不能成功，只能受到时间和金钱的双重压迫。金钱可以增值生息，而时间却永远不会停留，不抓住就意味着永远失去。”

人若不去享受神赋予的快乐，是一种罪恶；但如果过分享乐，同样是一种罪恶。真正懂得珍惜时间的人，就知道珍惜生命，善待人生，享受生活。在有限的时间和有限的生命中去寻求人生价值的平衡。既不能做工作狂，抓住了时间，忽视了人生乐趣，也不能去贪图享受人生，放纵了时间，却一事无成。

教育孩子做事不拖延

犹太人认为，拖延足可以把一个很强的企业拖垮；拖延，只会让他人领先。任何憧憬、理想和计划，都会在拖延中落空。把今天的工作拖到明天或者以后去做，所耗去的精力和时间，都无法估量。其实我们可以把今天的工作做好，过分的缺乏自信或者谨慎都是工作的大忌。犹太人认为富有与贫穷、成功与失败往往就在一念之差。当初若买进几千美元股票认购证，那么，过不了多长时间便会成为百万富翁。当初只要花几百美元并愿意去摆地摊，那么10年后就成了大老板。有人还这样说，如果当初就做，我会比他们赚钱更多。可是就在那一念之差，因为他们的拖延和陈旧的观念，所以10年后的今天你仍然很穷。因此，不同的时间观念导致了不同的人生！

多年以来，在一位老农的农田中，横卧着一块大石头。据说，这块石头已碰断了他好几把犁头了，因此，石头成了他种田时的心病，一直挥之不去。一天，一把犁头又被撞坏之后，老农终于下定决心搬走石头，去掉他这块心病。于是，他找来撬棍、长绳伸进巨石底下，却惊讶地发现，扎进土里的石头并没有想象得那么深，事实上，稍使劲就可以撬起来，再用大锤打碎，移出地里。老农脑海里闪过多年被石头所困扰的情景，再想到其实可以更早地解决和处理这桩事，禁不住一脸苦笑。他想遇到问题应立即去解决，决不可拖延，老农想来这一切，深感后悔！

有位犹太商人在谈生意时说："我们合作做生意，很多时候，我们必须约定好时间，不仅要约好是在×年×月×日×时，而且要约好从几时起，晤谈几分钟。我们决不拖延，因为拖延不仅是在浪费自己的时间，同时也是在浪费对方的时间，我们都要慎重地考虑对方的时间，尽量从短。需要30分钟者，尽量缩短为10分钟才好。晤谈10分钟还算较长的，我们犹太人甚至指定5分钟晤谈，更甚者为1分钟，这也是很平常的现象。"不亲耳听见这样的话，很难相信犹太人的时间观念竟是这样吝啬！

其实，很多事情并没有我们想象得那么困难，只要行动起来，你就会在行动中找出解决问题的方法。人是既软弱又懒惰的，遇到新的问题时，总是在想"今天实在太苦太累太疲太倦了，明天再做吧！"把事情拖到明天。这是不行的，因为可能明天还有新的工作，这样积累下来的工作就会越来越多，最后反而完不成工作！立即执行，便会感到简单而且快乐，拖延执行，便会感到艰辛而且痛苦。避免拖延的唯一方法就是随时主动去工作。决策是困难的也是痛苦的，正确的决策一旦做出就要立即执行。犹太人会有如此的时间观念，原因是他们从小就受到这样的教育：要想成就一番事业，就得立即行动。这个世界要学的东西太多太多，而我们的生命却是如此的短暂。

不规划时间就会失败

“唉！工作又没完成。”“唉哟！我怎么又忘了。”“我真后悔，一辈子居然一事无成。”当听到这些人的叹息声，真想对他们说，真笨啊，怎么不事先设计好自己的时间呢？

在犹太人看来，“合理安排时间”被视为黄金定律：“用好时间是非常重要的，一天的时间如果不好好规划一下，就会白白浪费掉，就会消失得无影无踪，我们就会一无所成。”

世上有许多的人埋怨自己没有成功的事业，可惜他们不知道自己去利用时间，怎样安排和设计时间。

巴西人的时间观念很淡薄，这一点从巴西人很少有人戴手表就能看得出来，据说即使戴了表，也不太准确。

一个叫鲍伯的人跟巴西的一家飞机制造公司签约，因为巴西人中拥有汽车的很少，只好坐公交车前往。但鲍伯根本不了解巴西的习惯。他甚至提前了15分钟，可是巴士司机把车丢在半路，自己已不知去向。这下可把鲍伯急坏了，因为这家公司的总裁要乘飞机去印度考察，前天吃饭时已经跟鲍伯约好了，让鲍伯在9点前赶到，否则这桩1亿多美元的生意就完蛋了。

鲍伯几次想下去找这个巴士司机，可又不知去向。只好坐在车上等。大约20分钟后，巴士司机才慢悠悠地出现，边走边吃着最后一口三明治，他向乘客说了一句“谢谢大家在等我”，才开车上路。等鲍伯赶到这家公司时，公司里的人说老板实在无法等到你，就急着赶飞机去了，说等他回来再说吧！

等鲍伯一个星期后，来到这家公司时，公司总裁早已跟别的公司签了约。鲍伯实在感到无奈和愤慨。

读完这段故事，你是否会觉得规划时间是多么重要呢？所以，犹太人往往很会规划自己的时间，他们守时、准时和省时。在行动之前，他们往往会先规划自己的时间，从不轻易浪费时间，从而尽快地提高实现奋斗目标的速度。

1964年，美国麻省理工学院做了这样一项调查，他们对近3000名犹太人作了如何用时的研究，发现这些人有一个共同点，那就是他们都能做到精于安排时间，使时间的浪费减少到最低限度。无独有偶，《有效的管理者》的作者杜拉克说："认识你的时间，是每个人只要肯做就能做到的，这是一个人走向成功的有效的自由之路。"

不能逆转、不能贮存、不能再生是时间的最大特点，没有时间就不会有成功，因此犹太人认为："一切节约归根到底都是时间的节约"。他们根据实践经验，将时间规划概括为下列五个方面：

要善于集中时间。切忌平均分配时间。要把自己有限的时间集中在处理最重要的事情上，这样才能有效利用时间。

要善于把握时间。必须善于审时度势，捕捉时机，把握"关节"，恰到"火候"，赢得时机。

要善于处理两类时间。不浪费自己的时间，不占用他人的时间。

要善于利用零散时间。要珍惜并充分利用大大小小的零散时间，从而最大限度地提高工作效率。

要善于运用会议时间。召开会议是为了沟通信息、讨论问题、安排工作、协调意见、作出决定。

善于利用零散时间

时间对每个人都是公正的，人人不断拥有时间，人人又不断丧失时间。而这些时间大多是零散的，易被人们忽略。时间的特点是，既不能逆转，也不能贮存，是一种不能再生的、特殊的资源。犹太人认为：“一切节约归根到底都是时间的节约”。那么，犹太人是如何节约时间的呢？

犹太记者卢拉说：

“在未来的两天时间内，我的计划是采访托马斯先生。在一般人看来，这两天除了采访，我会没有时间干其他事。但事实并不是这样，我早早地用完餐，比托马斯提前半小时到会客室，我利用等待托马斯先生的时候修正我的采访纲要；在托马斯临时抽身出去的时候，我就联系好了下一个采访对象；在托马斯休息的时候，我会整理采访材料。所以，采访一结束，我就能及时将完整的稿件交到总编手上，而其他人则需要一天来整理采访文稿……很多人抱怨事情占用了太多的时间，其实，时间就藏在事情的间隙中，就看你会不会找到和利用它。”

在报社，卢拉是工作效率最高的一个，这可能也是老板器重他的原因之一。

卢拉说：“我懂得将很多零散的时间利用起来，所以，我工作起来比其他人要神速得多。”后来，他在研究成功人士的时候发现，能够利用零散时间，也是这些人共同的特点。

犹太人注重利用零散时间，就是利用一些“非正规”的时间去做一些事，他们会在等客人的时候预约一下要见的下一个客户；下班回家的途中来看看书等。在犹太人看来，一个人会利用零散的时间，就是爱护他自己的生命，就是一种创造价值。这样的人总会受到成功的青睐。

在火车上，一个年轻的小伙子一直在不停地写东西。坐在他旁边的中年男人凑过去看了看，原来小伙子在给客户写短笺。

中年男人开口说话了："小伙子，我注意到了，在这两个小时里，你一直在给客户写信。你是一个出色的业务员！"

小伙子抬头微笑地看着中年男人："是的，如果不是出差在火车上，现在正是我的上班时间。是我应该做这些事情的时候。"

中年男人对小伙子的这种敬业精神很是感动，希望他能够成为自己的得力助手。于是说："我想聘请你到我公司来做事，尽管我知道你的老板肯定会很重视你，但是我提供给你的待遇绝对不会比他差。"中年男子充满期待地看着年轻人。

年轻人笑了笑："我就是老板。"

犹太妈妈经常教育孩子：为了提高工作效率，就应该学会时间管理，不让每一分每一秒白白浪费掉。的确，如果你能像故事中的年轻人一样，充分地利用好零散的时间，那么你也会成为一个老板，成为成功人士。

伟大的生物学家达尔文在有效利用零碎时间方面堪称楷模，他曾说："我从来不认为半小时是微不足道的一段时间。"鲁迅先生也曾说过：我只是利用别人喝茶的时间从事读书写作，所以才完成了那么多的作品。把时间积零为整，精心使用，这是古今中外很多名人取得辉煌成就的奥妙之一。

真正有志于成功的人是善于利用时间的。很多时候，时间并不是大段大段的以整块的形式出现，它们无影无形地隐藏起来，就像不起眼的水珠，10 秒、30 秒、60 秒，无声无息地落入了岁月的长河。如果你不管不顾，很难把它们重新拾起来，一天中很多时间就这样白白地被浪费了。但是，只要你抓住它们的行踪，珍惜并利用它们，它们就能变成江河之水。

很多时候，成功者就是充分地利用好零碎时间，从而更好地把握整个人生的时光。当你在这些隐藏的、短暂的时间里做了别人放弃的事情，你就比别人快了一步。人与人之间的差距往往就是这样拉开的。

第 11 辑

取财有道，犹太人与众不同的财富理念

犹太民族出现了那么多富商巨贾，犹如天上的星辰一样群星璀璨，这与他们从小就注重财富的家庭教育是分不开的。在犹太人的心目中，智慧不仅不排斥金钱，而且能否赚到钱是是否具有真正智慧的标准。而且他们还深信，如何赚钱是可以后天教出来的。

用知识赢得财富

犹太人承认自己是一个爱钱的民族。由于他们特殊的历史背景，被迫对金钱形成了许多独特的看法。但是他们却都是凭借自己的聪明才智去赚取财富的。在犹太家庭里，孩子们没有免费的食物和照顾，任何东西都是有价格的，每个孩子都必须学会赚钱，才能获得自己所需要的一切。

犹太人相信只要肯开动脑筋多思考，就一定会寻求到赚钱的机会和最佳途径。而且犹太人坚信知识是可以转换成财富的，他们总是利用自己的博学去创造属于自己的财富。

分析众多犹太商人的成功之路，发现他们大多是先通过钻研，成为某一行当的行家里手，尔后借此起家的。你还会发现，犹太商人的知识面很广，眼界很开阔，像一个犹太钻石商人，有的就连“太平洋底部有哪些特殊鱼类”这样的生僻问题都能一清二楚。作为拥有几千年辉煌的商业智慧和丰富的商业实践的民族，纯商业上的知识就更不用说了。

犹太商人追求学识渊博，他们当中精通两门以上外语的不在少数，他们视外语为世界商人的通行证。一个聪明和有希望的民族一定是重视学习的，善于学习的回报就是知识和金钱。

犹太人总是告诉自己的孩子，知识是换取一切财富的源泉，只有不断地努力学习掌握各个方面的学问，才能高瞻远瞩，头脑敏锐，才能发现别人无法探知的商机。

在犹太教中，勤奋好学不但仅次于敬神，而且也是敬神的一部分。在当今世界的任何一种宗教中，没有一种宗教像犹太教那样对学习和研究如此“强调”。正是犹太教的规定，使犹太人形成了一种几乎全民皆有文化的传统，学者被推上最崇高的地位，在犹太教的历史中，曾出现过无数个为保护学校而不惜献身的英雄。

摩西说：“知识可以不被抢夺及随身携带，只要有一所学校，一切都可以从头再来！”有了知识就有了获得财富的机会，也就可以寻求到赢得财富的途径。

犹太人总跟孩子们讲这样一个富有哲理的故事，告诉他们知识、智慧都能够轻松换取财富：

1923年，某电气公司的一台大型电机出了故障，请了一位犹太电机专家来诊断。只见他看看转转，写写算算，两天两夜后，他在电机顶部画了一道线，让修理工在他画线的地方拆掉十六匝线圈，故障就排除了。这是何等潇洒的一画！事后，他要价一万美元，在付款单上他写道：“用粉笔画一条线只值一美元，而知道在哪里画值九千九百九十九美元。”

故事虽然很简单，但是道理却是深远的。聪明人旨在运用自己的知识和智慧创造财富，所以犹太人更加强调掌握知识的重要性。尊重知识，这就是犹太民族在4000多年的财富累积过程中屡受毁灭性打击仍始终屹立不倒的原因，更是所有期望走进财富之门的人的指路标！

发大财一定是有方法的，只要自己肯开动脑筋多思考，就一定会寻求到赚钱的机会和最佳途径。知识就是转换成财富的最佳捷径，聪明人用自己的知识和智慧总能轻而易举地换取到金钱。

让孩子向内行人求教

犹太人很早就意识到理财的重要性，很多人专门聘请了专业的投资理财顾问，帮助他们规划理财目标，制定理财方案。所以，他们会向内行人请教。

巴比伦最有钱的人叫做阿卡德，他的富有就是源于善于向他人请教。

阿卡德最初是一个陶砖雕刻工，有一天，富翁欧格尼斯急着让他雕刻一块陶砖。阿卡德说，他愿意熬夜赶着雕刻，但条件是要欧格尼斯告诉自己致富的秘诀。

欧格尼斯同意了。

当阿卡德及时完成了雕刻工作后，欧格尼斯告诉阿卡德："致富的秘诀是，将赚的钱存下来一部分。不管你赚的多么少，你一定要存下十分之一。"

一年后，当欧格尼斯再来的时候，得知阿卡德照着做了，就问阿卡德："那存下来的钱，你如何使用呢？"

阿卡德说："我把它给了砖匠阿卢玛，让他从菲利人那里带回稀有的珠宝，我们把这些珠宝卖出去，然后平分利润。"

欧格尼斯听后对他说："只有傻子才会让砖匠去买珠宝，下次你买珠宝的时候，应该去请教珠宝商，买羊毛去请教羊毛商，和外行人做生意，你的存款一定会赔光的！"

果然，阿卢玛被菲利人骗了，买回来的全是玻璃，只是看起来像珠宝。

阿卡德继续存下所赚的钱的十分之一。第二年，欧格尼斯再来的时候，知道情况后他又询问阿卡德："那存下来的钱，你如何使用呢？"

阿卡德回答："我把钱借给了铁匠去买原料，然后他付我利息。"

欧格尼斯说："不错，那么你如何使用你的利息呢？"

阿卡德说："我把赚来的利息拿来吃了一顿大餐，并为妻子买了一些首饰，我还计划买一头驴。"

欧格尼斯听后叹了口气说："你把钱的'儿子'吃掉了。记住，只有当你赚了足够的财富时，你享用后才会没有后顾之忧。"

又过了几年，欧格尼斯又来问阿卡德："你成为一个富有的人了吗？"

阿卡德说："还没有，但是我已存下了一些钱，然后让钱生钱。"

欧格尼斯又问："你还会向砖匠请教事情吗？"

阿卡德说："我只向他请教造砖的事。"

欧格尼斯说："我想，你已掌握了致富的秘诀。第一你学会了储蓄，其次你学会了向内行的人请教意见，你还懂得让钱为你工作。"

这个故事看似简单平常，却反映了犹太人理财的智慧：致富之道在于听取专业的意见，成功的人都是善于管理、维护、运用、创造财富。愿意打开心胸，听取专业的意见，就会掌握正确的理财方法。懂得将金钱放在稳当的生利投资上，让钱生钱，源源不断地去创造财富。古老的理财致富之道，到现在还是一样可以适用。当你学会并运用它们之后，你也会掌握获得财富的智慧，这样，你就有可能快速变成一个富有的人。

眼光长远才能创造财富

《塔木德》说："在仔细权衡利弊得失之前，不可采取盲目的行动。"这句话对犹太人的影响非常之大，聪明的犹太人都懂得"放长线钓大鱼"的道理。

生活中我们总是不断地给自己树立目标，而很多目标又是交叠在一起的，于是就会有主次之分。犹太人的聪明就在于总能适时地抓住主要目标，他们认为赢得财富的关键在于是否用长远的发展的眼光看事物，抓住了主要目标才能更好地获得成功。

犹太人在教育孩子时也总是不停地劝告他们，要用敏锐的眼光看到事物在发展中创造的经济价值，然后再放长线钓大鱼，不去计较一时点滴细节上的毫厘得失。

犹太人总会给孩子讲这样一个哲理故事：

从前，有两个饥饿的人，得到了一位长者的恩赐：一根渔竿和一篓鲜活硕大的鱼。其中，一个人要了一篓鱼，另一个人要了一根渔竿，于是他们分道扬镳了。得到鱼的人原地就用干柴搭起篝火煮起了鱼，他狼吞虎咽，还没有品出鲜鱼的肉香，转瞬间，连鱼带汤就被他吃了个精光。不久，他便饿死在空空的鱼篓旁。另一个人则提着渔竿继续忍饥挨饿，一步步艰难地向海边走去，可当他已经看到不远处那片蔚蓝的海洋时，他浑身的最后一点力气也使完了，他也只能眼巴巴地带着无尽的遗憾撒手人寰。

又有两个饥饿的犹太人，他们同样得到了长者恩赐的一根渔竿和一篓鱼。只是他们并没有各奔东西，而是商定共同去找寻大海。他俩每次只煮一条鱼，经过遥远的跋涉，他们来到了海边，从此，两人开始了捕鱼为生的日子。几年后，他们盖起了房子，有了各自的家庭、子女，有了自己建造的渔船，过上了幸福的生活。

一个人只顾眼前的利益，得到的终将是短暂的欢愉；一个人目标高远，只有懂得把理想和现实有机结合起来，才有可能成为一个成功的人。有时候，一个简单的道理，就足以给人意味深长的生命启示！

以色列情报机构首脑摩沙迪的高级间谍伊莱·科恩秘密地打入了叙利亚的情报机构，担任了顾问要职，能够获取叙利亚的许多军事机密。

有一次，科恩获悉老牌纳粹分子费朗茨·拉德马赫尔匿藏在叙利亚。由于在二战时，纳粹分子丧心病狂地杀绝犹太民族，因此，战后由犹太民族为主体的以色列以追捕逃脱的纳粹分子为己任，而且取得了很大的成果。费朗茨是个残害了600万犹太人的刽子手，是个久捕不获的漏网头子，如果抓获了这个纳粹分子，将能大大振奋以色列国民的精神和官兵的士气。

科恩立即将这个情报发给摩沙迪，建议由他就近将这个纳粹刽子手除掉。这个建议确实有着巨大的吸引力，但是摩沙迪却下令给科恩："切勿行动，请放弃这个目标！"

其中原因只有摩沙迪自己清楚，因为除掉费朗茨，势必要暴露科恩的身份。而当时，中东形势非常紧张，科恩的主要任务是搜集叙利亚的军事情报。费朗茨虽然罪恶滔天，但现在对以色列已经构不成任何威胁，而叙利亚正虎视眈眈地准备和以色列进行战争。两者相比，摩沙迪当然宁可牺牲一个次要目标，而要抓住一个主要目标。科恩接到了总部的指令，心犹不甘，所以再次请示："让我给那个纳粹分子寄一枚炸弹去，恐吓他一下。"

摩沙迪仍旧指示："切勿行动，请放弃这个目标！"

科恩终于明白了总部的意图，专心致志地搜集叙利亚的备战情报，他发现在戈兰高地，叙军正在修筑强大的工事，就把这个情报发给了总部。

不久，第三次中东战争爆发了，以色列根据科恩提供的情报很快攻占了戈兰高地，从而使以色列在第三次中东战争中大获全胜。当然，科恩从此在叙利亚也无法存身了，不过，这还是非常值得的。

犹太人告诉孩子们，要想获得你想要的东西就应该很好地运用长远的眼光看待问题，用发展的眼光去分析事物。

细心观察创造财富的奇迹

每个家长都很重视培养自己的孩子，也很羡慕那些智力超群的孩子。听说他人的孩子能认字计数，就急于拼命“追赶”，担心自己的孩子落后了。殊不知，智力是在掌握知识的过程中形成和发展的，而知识的广度和深度取决于对客观事物的认知度。细心观察是认识事物掌握知识的基础，观察得越仔细，认识事物越深刻。

犹太民族就是一个细心观察的民族，犹太人能够在细微之处发现商机，也总能在常人忽略的地方抓住机遇。他们总会给孩子讲这样一个故事，告诉他们细节可以决定成败。

在职业棒球队中，一个击球手的平均命中率是25%，也就是说，每4个击球机会中，他能打中1次，凭这样的成绩，他可以进入一支不错的球队做个二线队员。而任何一个平均命中率超过30%的队员，则是响当当的大明星了。

每个赛季结束的时候，只有十一二个击球手的平均成绩能达到0.3。除了享受到棒球界的最高礼遇外，他们还会得到几百万美元的工资，大公司还会用重金聘请他们做广告。

其实，伟大的击球手同二线球手之间的差别只有1/20。每20个击球机会，二线队员击中5次，而明星队员击中6次——仅仅是一球之差！

人生也是一场棒球赛，从“不错”到“极品”往往只需要一小步。

那么如何培养孩子观察细节的习惯呢？一个家长曾表示观察事物，需要集中注意力，而注意力的专一性持久与否，取决于对观察对象的兴趣。所以，父母在引导孩子观察时，语言要生动有趣，常常可带有惊奇的口吻，好像突然发现什么似的，吸引他去看一件很平常的事。如果能让孩子摸、嗅、听、尝，充分利用感官去感知事物，就更能引起孩子兴趣，使观察细致、持久。

犹太人认为当孩子注意力不再集中时，应转向另一事物，引起他对周围事物广泛的兴趣。兴趣愈多，知识面愈广。随着儿童年龄的增长，家长可不断提些问题，启发孩子有意识地去观察事物的变化，找出事物间的联系，甚至极微小的差异。以后，孩子自然而然地养成了习惯，每遇到一桩新事物，就会仔细地去观察、研究，找出为什么，这样，知识就会源源不断地充实他的大脑。

细心观察是认识事物掌握知识的基础，观察得越仔细，认识事物越深刻。奇迹缘于创造，缘于细心地观察与发现。许多时候奇迹的出现很简单，只不过是一个有心人在一个司空见惯的事物上加上了一份丰富的想象力而已。

独树一帜的理财教育

在犹太人的心目中，智慧不仅不排斥金钱，而且能否赚到钱是是否具有真正智慧的标准。而且他们还深信，如何赚钱是可以后天教出来的。

所以，他们对小孩的理财教育有一套独特的方法，从小就给孩子灌输金钱很重要的观念。一句犹太谚语就这样说道：一定要教给孩子谋生的手段，只要世界上多一个成功的商人，就会少了一个窃贼。

小孩刚满周岁的时候，中国人是“抓周”，以此来预测孩子未来从事的职业。而犹太人则是主动教育孩子如何赚钱发财，按照犹太民族的惯例，犹太人会送股票给刚满周岁的小孩；小孩3岁时，父母就会开始教他们辨认硬币和纸币；5岁时，让他们知道钱币可以购买任何他们想要的东西，并告诉他们钱是怎么赚来的；7岁时，得看懂商品标签的价格，并加深“钱能换物”的理财观念；8岁时，教他们可以透过打工赚钱，并把钱存在银行里；11～12岁时，要他们看穿电视广告的假象，并执行两周以上的开销计划，懂得正确使用银行的术语……

这样，犹太人家的孩子很小就知道金融等方面的知识，稍大一些，他们就对金融业的运作模式会了解的更加深入。这也是为什么犹太人在金融业占有优势的原因。犹太人一直垄断着世界的金融行业，和他们从小就对钱很敏感的这种特质有着很大的关系，难怪有人赞叹犹太人是天生的银行家。

犹太人是天生就会做生意吗？其实不然，他们做生意的天分是父母从小对孩子进行财富教育的结果。很多犹太大亨在很小的时候，就知道怎么开始赚钱了。

洛克菲勒出生于一个典型的犹太家庭，父亲经常用犹太人的教育方式教导他的几个孩子。

洛克菲勒的父亲从他四五岁的时候就让他帮妈妈提水、拿咖啡杯，然后给他一些零用钱。他父亲还把各种劳动都标上了价格：打扫10坪的室内可以得到半美元，打扫10坪的室外可以得到1美元，为父母做早餐得到1.2美元。当他们再大一点的时候，父亲就不会再给他零用钱了，只告诉他，如果想花钱，就自己挣去。这时候，父亲会让他们到自己的农场帮忙打工，挤奶、送货、算账甚至干些杂活，他们把自己为父亲做了多少事，都记录在记账本上，到了月底，就和父亲结算，每到这个时候，父子就核对账本上的每一个工作项目，有时候还会讨价还价，也会经常为一点小钱发生争执。

因为这种教育方式，洛克菲勒六岁的时候，就做成了一笔买卖。有一次，他在郊外捉到了一只火鸡，于是他沿街叫卖，最后卖给了附近的一位邻居。

洛克菲勒的母亲是一位虔诚的教徒，认为这样做是亵渎了神灵，而他的父亲却认为他有做商人的特质，而对他大加赞赏。

有了这次的经商经历与父亲的鼓励，洛克菲勒的胆子大了起来，思路也开阔了。不久之后，他就做起了“银行家”，把从父亲那里赚来的50美元贷给了附近的一个农民，到了归还的日期，洛克菲勒准时去讨债，连本带利收回了75美元。这件事令附近的人们觉得不可思议，他们都佩服这样的一个小孩居然有这么好的生意头脑。

洛克菲勒成名之后，同样也用这套方法来教育他的子女。在自己的公司，他拒绝他的儿女们进入，即使是他的妻子，他也极少让她进入公司，除非有什么急事。有一次，他15岁的二女儿玛莉亚因为有事情找他，于是去了他的办公室，恰巧他出去办事不在，后来洛克菲勒知道玛莉亚进过他的公司，回家时居然为了这件小事而大发雷霆。因为洛克菲勒的子女们知道，一切必须靠自己的奋斗去得到成功，而绝不要因为父亲是富翁，而让他们有任何的依靠。在家里，洛克菲勒还搞了一套虚拟市场经济，洛克菲勒让妻子当总经理，而让自己的孩子们做家务，由自己的妻子根据每个孩子做家务的情况，给他们零用钱，整个家庭似乎就是一个公司。

洛克菲勒还教育子女们不但要学会赚钱，同时还要学会理财和节俭，学会开源和节流两套本领。他在厨房里摆放了6个杯子，杯上写着每个孩子的姓名，里面装的是孩子们一周用的方糖。如果哪个孩子多吃了杯子里的糖，那么，等到别人喝咖啡放方糖的时候，他就只有喝苦咖啡了，或者只有等到下周父母再发放方糖了。洛克菲勒还让孩子们学着记账，要求孩子们在每天睡觉时，必须记下今天的每一笔开销，无论是买了玩具还是买了食品，都要一一记录。洛克菲勒每天晚上都要仔细查看孩子们做的记录，无论孩子们买什么，他都要询问为什么要买这些东西，让孩子们做一个合理的解释。

如果孩子们的记录清楚、真实，而且开销花得很有理由，洛克菲勒觉得很满意，他就会奖赏孩子们5美分。反之，就会警告他们，下次再犯类似错误的话，就会扣去5美分的零用钱。这种教育方法让孩子们的积极性很高，他们都争着把自己的账本送给父亲检查，并进一步让父亲指导什么地方要改善。

犹太人这些早期的有关财富的教育，让他们很早就知道怎么投资？怎样获得财富？怎样理财？这些教育，都为他们日后的成功打下了坚实的基础。

一点一滴地积累财富

犹太商人认为，无论做什么生意，都要有一定的耐心，踏踏实实、一步一个脚印地去做，这样才能创造出惊人的成功和耀眼的辉煌！这就如同建造高大的楼房一样，如果粗心大意，根基就打不牢，建造出来的大楼，总有一天会倒塌。所以要想创造出辉煌的成就，夯实根基是非常重要的一步。

约瑟芬斯是一个犹太人，也是一个著名的股票经纪人。他从生下来就由祖母抚养，因为他的父母当时在国外做生意。他们仅靠父母寄来的生活费维持生活。约瑟芬斯小时候非常贪吃、贪玩，把祖母给的钱都用来买小零食和玩具了。他上学时，在数学课上表现非常突出，总能考个A，其他科目都平平，却考上了大学。利用假期时间，他又攻读了金融研究生班。21岁毕业后，去了银行工作。但他一心想做大生意，成为大富豪。他25岁时，义无返顾地辞掉了银行的工作，全身心地投入到股票行业，不到10年的时间，他成为股票大经纪人，在同行业中，排名第三，拥有上百亿美元的资产。

当时他辞去工作，开始新的生活时，只有500美元本金，创立起自己事业。他并不认为“万事开头难”。在较短的时间里，他炒股赚取了35万美元。胜利的喜悦，使他冲昏了头脑，买下了一家正在暴跌的公司的股票，转眼间，赔了多半，最后只剩下200美元。在这样的打击下，他鼓起勇气决定再创佳绩。为了获取经验，他访遍了炒股高手，看遍了股票书籍。

他想起了1925年乔治伯爵对犹太民族的评论：“尽可以诉说你们一直在遭受迫害和压迫，你已经千锤百炼，可这正是你们的力量；这是你们从不断裂的原因所在。”他从失败中吸取了很多教训，变得沉着稳重，他先认真地观察股情，进行分析判断后，最后发现未列入证券交易所买卖的股票其实有大利可图，投资这些股票风险很小，而且可稳定持有，便借钱买进，结果不到一年时间，就赚了50万美元。还了本钱后，净赚了45万美元，并且还开设了自己的证券公司哈斯木公司。四年后，他便成为股票界的一个大经纪人了。每月收入28万美元，这年他才29岁。

不难看出，约瑟芬斯成功的主要原因是：他踏踏实实的做事态度。其中他的分析能力、超人的胆识和判断能力都是他取胜的前提。犹太人一直坚信一个人只要肯脚踏实地地做事，就能走向成功大道。如果只安于现状，就会渐渐失去奋斗的激情，从而一事无成。只有那些一步一个脚印向前走，不满足于现状的人才能成为真正的成功者。

收入要始终超过支出

一个中国留学生曾经给一个犹太富商家当佣人。他乘车花了 14 美元向雇主报销，犹太人给了他 15 美元，硬要求他找回 1 美元；一次家庭聚会后，留学生做卫生时，把抽剩的雪茄烟扔进垃圾桶。谁知老板回家后，又从垃圾桶里把雪茄捡出来继续抽；如果吃剩的牛肉被扔了，老板还要把它捡回来洗净喂猫。这就是犹太人节俭甚至是吝啬的本性。但是，这并没有错。

一个犹太人走进一家商店，开始讨价还价。明码标价 20 美元的东西被他杀到 10 美元，再杀到 9.97 美元，他还不满意，要求降到 9.96 美元。老板表示这已是最低限度，不能再降了。犹太人非要坚持 9.96 美元才能成交。老板很窝火："先生，为了小小 1 美分争来争去，有意思吗？况且，你历来是赊账的，差 1 美分无所谓。"犹太人回答说："正因为我赊账才拼命杀价啊。你想想，多杀 1 美分下来，假如我赖账的话，你们店不就少损失 1 分钱了。"

为了一美分就如此不遗余力，所以世界上流行这样的说法：犹太人是吝啬鬼。不错，节俭就是犹太人的特点，他们善于算计每一分钱，总是对物品斤斤两两计较，对金钱分分毫毫核算。犹太人不管多么富有，绝不会随意挥霍钱财。犹太人的用钱原则是：只把钱用在该用的地方，花1美元，就要发挥1美元100%的功效。

犹太人弗兰西斯的父亲对他提出的忠告就是："我衷心地希望你事事开心如意，但我不得不提醒你要节俭。节俭对任何人来说都是一个必不可少的德行。然而，浅薄的人可能会轻视它。其实，节俭是通向独立的大道，而独立则是每个精神高尚的人所追求的崇高目标。"作为商人，如果不精打细算，不节约节俭，怎能获得经营的盈利呢？所以，在犹太人有关金钱的观念中，就有着"简朴让人接近上帝，奢侈让人招致惩罚"，"赚钱不难，用钱不易"这样一些教诲。

洛克菲勒早年在一家大石油公司做焊接工，任务是焊接装石油的巨大油桶。要焊接就会有焊条的铁渣掉落，他细心地发现他每焊接一个油桶要掉落的铁渣每次都是509滴，他想，要焊接那堆积如山的油桶要浪费多少焊条呀！

于是，他改进了焊接的技术和焊接的方法，让每次滴落的铁渣少1滴，变成508滴。这样这家石油公司全年就可以省下高达5.7亿美元之多的成本。而洛克菲勒本人也因此获得了一次极佳的晋升机会。

当他有了一些积蓄的时候，他开始自己创业。刚开始经营时步履维艰，他朝思暮想发财却苦于无方。有一天晚上，他从报纸看到一则出售发财秘诀的广告，他高兴至极，第二天急急忙忙到书店去买一本。他迫不及待把买来的书打开一看，只见书内仅印有"勤俭"二字，结果大为失望。不过，他反复思考后，觉得此书言之有理。此后，他将每天应用的钱加以节省储蓄，同时加倍努力工作，千方百计增加一些收入。他这样坚持了5年，积存下800

美元，然后将这笔钱用于经营煤油，终于成为美国屈指可数的大富豪。

拥有几十亿美元的家产后，洛克菲勒还是非常节俭。他曾向秘书借 5 美分钱打公用电话，归还时秘书不好意思要，可他反而教训秘书："5 美分是 1 美元的年利呢！"更夸张的是，他向自己邀请来家的客人收取 10 美元的住宿费。他不仅自己生活非常俭朴，而且时时刻刻都在给儿女们灌输节约的价值观。他对女儿说，如果煤气费用降下来了，那些节省的费用就都归她，于是女儿看到没有人在用的煤气灯，就去把它关了。

犹太人就是这样，既千方百计努力，同时也想尽各种办法节省不必要的开支，这样才使其生意获得更多的盈利。他们精打细算，成本能省一厘就省一厘，价格能高一分就是一分，其斤斤计较简直到了无以复加的地步。

经商致富的最大秘诀就是，既"开源"——想尽一切办法赚钱，又"节流"——处处节省开支。

投资时间越早越好

关于投资时间，犹太人的看法是，投资就是选择入市的时间和入市点，把握住某一时刻入市，你就可以瞬间腰缠万贯；错失良机，就可能悔恨终身。

时间是上天赋予我们每个人的宝贵财富，应该说世上没有一样东西在人们面前表现得像时间这样平等。

为什么有些人昨日还是一贫如洗，今日却一跃成为百万富翁，而有很多人直至面临退休仍无法自立？这是因为有些人珍惜时间、合理安排时间、准确把握时间。这些人只恨时间过得太快，怕自己赶不上时间的节奏，他们的时间表是以分、秒计算的。而许多人抱着“船到桥头自然直”、得过且过的心态虚度年华，他们只恨时间过得太慢，他们的时间表是以日、周甚至月来计算的，当他们发现别人的财富逐渐增长，终于感觉到理财的重要性，此时开始投资，终因时间不够，最后只能虚度晚年，抱恨终身。

年轻人朝气蓬勃，具有旺盛的斗志。商场如战场，这战场具有极强的挑战性和冒险性，年轻人应该是这一战场的生力军。很多年轻人认为自己青春年少，且目前的收入又不高，没有剩余资金从事投资，投资是中年人、老年人的事，因此年轻人流行的观念是：在年轻时代尽情享乐，一旦有钱就购买高档家具、电器、跑车或出国旅游。更有甚者，他们自己不但不赚钱，反而向父母伸手要钱，甚至骗钱，认为父母亲的钱就是自己的钱，这是一种悲剧。

巴菲特1996年被美国《财富杂志》评定为美国第二大富豪，被公认为股票投资之神。

他11岁时开始投资第一张股票，他把自己和姐姐的一点儿小钱都投入股市。刚开始，一直赔钱，他的姐姐一直骂他，而他坚持要等三四年才会赚钱。结果姐姐把股票卖掉了，而他继续持有，最后验证了他的想法。巴菲特十几岁时，在哥伦比亚大学就读，在那一段日子里，跟他年龄相仿的年轻人只会游玩或是阅读一些休闲的书籍，但他却大啃金融学的书籍，最终使得他在股票市场上得心应手、如鱼得水，钱越赚越多。1954年，他集资并投资创办顾问公司。该公司资产增值30倍以上后，他解散公司，退还合伙人的钱，把精力集中在自己的投资上，最后他成为美国有史以来真正的金融大亨，曾稳坐美国首富多年。

巴菲特从11岁就开始投资股市，他之所以有如此巨额的财富，这与他60年坚定的投资参与意识和从小就开始总结失败走向成功的宝贵经验是分不开的。

作为一个年轻人，应该为自己的年轻而感到骄傲和自豪，而不应该认为自己太年轻、太小而放弃冒险。其实年轻人冒险的成本很低，这是因为年轻时即使遭受失败，但他仍有足够的时间和精力弥补这一损失。

我们知道，很多大富翁他们从年轻时就做过帮工、捡过破烂、洗过盘子。他们用自己的双手艰苦劳动，将挣得的每一分钱用于滚动投资，最后才成为“大老板”。这些例子不胜枚举，因此年轻人应不断强化自己的投资意识，敢于冒风险，总结自己成功、失败的经验，成为市场竞争的强者。

一般而言，一个人在45岁以前，在投资方面不应采取“保守至上”的原则，开始投资的时间越提前越好。正确的投资判断力来自于经验，而失败是成功之母，既然要培养正确的投资判断力，必须要经过一次或几次失败，何不趁年轻钱不多时先经过一些失败判断的磨炼，到了有钱时，便能发挥出投资准确的判断力。

拥有富人的思维

如果你经常接触犹太人，就有机会当富人。拥有一个犹太人的思维，学习他们的经验，和他们靠拢，你会得到很多启示和发财的机会；而在穷人堆里，除了学会怎样节俭之外，你是什么都得不到的。

穷人的穷不是因为他们没有钱，而是因为他们根本就缺乏一个赚钱的头脑；犹太人的富有不是因为他们现在手里拥有大量的财富，而是因为他们从根本上就有一个赚取财富的头脑。

财富是靠脑袋赚取的，犹太人说，你的价值是脑袋，而不是手。他们是怎样做的？他们就是依靠脑袋发财的。犹太人在经商的时候显得很轻松，其实他们总是在思考问题。

“钞票有的是，遗憾的是你的口袋太小了。如果你的思维足够开阔，那你的钱包就会随之增大了。”犹太教士们也这样说：“无知的人不能成为圣人，不能进入天堂。只关注世俗事务、爱好钱财的人，只是平凡的人。”

犹太人是怎样运用智慧的，又获得了怎样的价值呢？原来犹太人做生意是极为精明的，他们借用别人聪明的头脑为自己构筑了一个个绝妙的想法，从而赚了钱。

这就是犹太人的商业原则：作为商人，他的任务就是想办法制定好一套完整的合理的商业计划，剩下的事情就让别人去摆弄，自己等着赚钱就可以了。这样的做法才是一个商人的作为，体现了商人的价值所在，这样的工作也才是商人富有价值的工作。那么，这个工作的价值又是怎样来衡量的呢？

有位国王拥有一大片葡萄园，雇了许多工人来照管。其中有一位工人的能力特别强，技艺超群，于是国王让他来管理这片园子。

有一天，这位国王来到葡萄园散步，就让他陪同。这天工作完后，工人们排起长队领取工资。几乎所有人的工资都相同，但是这位看管园子的人领取工资的时候，却遭到了大家的非议。他们认为这位工人只干了两个小时的活，其他的时间都在陪国王到处闲逛，所以不应该领取与别人等同的工资。国王说话了：“我派他来是因为他熟悉你们的工作，他是来看管你们的。今天他虽然只干了两个小时的活，但是他走的时候，你们仍然按他的规定完成了任务，他用两个小时就干完了他一天的工作量，所以他的工资和以前一样。”

犹太人认为工作成就不能以工作时间来计算，也不是按他干了多少活来计算，而是应该以他实际工作所获得的有效的劳动成果的多少来计算。想办法提高你的工作业绩，才是真正有效的赚钱办法，而一般人只以工作时间来衡量劳动成果。

这就是两种不同的观念造成的不同命运：前者依靠自己的智慧变得富有，后者则依靠出卖体力来生活，他们的一生也不得不继续他们祖先悲惨辛苦的被奴役的生活。

将贫穷看成是一种罪恶

历史上，金钱曾被很多民族广泛地看做是一种罪恶，只有犹太人除外。与“越穷越光荣，越穷越革命”的观点截然相反，犹太人认为“贫穷就是罪恶”。

这话当然有点过头了，但贫穷毕竟不是光彩的事情，至少说明了一个人的无能。我们经常说的“富贵”这个词其实就很有道理，为什么不说“贵富”呢？就是因为必须先富，然后才会得到一般人的尊敬。

犹太人的人生观是以金钱为基准的，他们认为，每晚都能够尽情、畅快地大嚼丰盛的晚餐，这类人才是值得尊敬的。如果你学富五车，是一位天下知名的学者，就应该过着富足的生活。犹太人是一个没有被禁欲主义束缚的民族，中国厨师、美国工资、英国房子、日本妻子是他们理想生活的四大目标。好莱坞的一位巨子告诫其子说：“过奢侈的生活！大手大脚地花钱！始终记住不要按你的收入过好日子，这样能使一个人获得自信！”但是，如果没有钱，这一切都只能是幻想。所以，他们认为贫穷就是罪恶。

有三名神父，分别是英国人、美国人及犹太人。美国神父问其他两位："对于教堂奉献箱里信徒们所奉献出来的钱，你们都是怎么处理的？"

英国神父说："为了公平，我会在地上画一条直线，然后把奉献箱里所有的钱，往天上一丢，落在地上直线右边的，是属于上帝的钱，作为教堂运作的经费；而落在直线左边的，则算是我的薪水，留下来让自己过生活。你们又是怎么处理的？"

美国神父说："我也跟你差不多，我是在地上画个圆圈，当然，圆圈不能画得太大啦！然后把奉献箱的钱呢，往天上一丢，掉在圆圈里面的就奉献给上帝，而掉在圆圈外面的，就当做是我的私房钱啦。"

最后，视钱如命的犹太神父忍不住开口了："你们太麻烦了，我根本不用画什么直线、圆圈的。我的方法很简单，只是直接把信徒奉献的钱往天上一丢，上帝要就让他拿去，上帝不要就掉在地上，那就全归我了。"

因为憎恨贫穷，所以犹太人爱钱。而爱财之心是取得财富的原动力；动力越大，其行动就越有力；行动越有力，方法就越多，赚到的钱就越多，这些都是成正比的。